JEAN-CLAUDE CHEVALIER

Notice biographique et bibliographique

CENTRE INTERNATIONAL DE DIALECTOLOGIE GÉNÉRALE

BIOBIBLIOGRAPHIES ET EXPOSÉS

N.S. 4

JEAN-CLAUDE CHEVALIER

Notice biographique et bibliographique

par P. SWIGGERS

suivie de l'exposé:

*«La France devant les congrès internationaux
de linguistique: 1914-1931»*

LEUVEN
CENTRE INTERNATIONAL DE DIALECTOLOGIE GÉNÉRALE
Blijde-Inkomststraat 21

1995

ISBN 2-87723-287-5
ISBN 90-6831-770-9
D. 1995/0602/121

AVANT-PROPOS

L'œuvre de Jean-Claude Chevalier est étroitement liée à l'histoire de la langue (française) et au travail sur la langue. Ce travail, c'est à la fois celui des écrivains et celui des grammairiens: axe qui sous-tend l'intérêt de Jean-Claude Chevalier pour la stylistique littéraire et pour l'histoire de la grammaire. À travers ce double intérêt, se profilent un sens profond de l'histoire, une conscience épistémologique authentique, une sensibilité profonde à la subjectivité humaine se cachant derrière les structures pragmatico-linguistiques et la «vie» des langues: voilà l'unité «psychogénétique» d'une œuvre riche, pénétrante et diversifiée.

En effet, Jean-Claude Chevalier est non seulement l'auteur de travaux sur le langage poétique (de Guillaume Apollinaire et de Stéphane Mallarmé), mais il est aussi l'auteur d'une série impressionnante de publications sur l'histoire de la grammaire et de la linguistique, ainsi que de nombreux travaux descriptifs sur le français. Riche de son expérience de grammairien — expérience qu'il n'a cessé d'élargir vers une description de mécanismes pragmatico-discursifs —, il a conduit une patiente recherche sur les grammairiens français — du XVIe au XIXe siècle —, sur leur méthodologie, leur argumentation, leurs classifications, leurs exemples (cf. son récent manuel *Histoire de la grammaire française*, 1994). Cet examen, inscrit dans le champ de l'épistémologie historique (voir le travail fondamental *Histoire de la syntaxe. Naissance de la notion de complément dans la grammaire française (1530-1750)*, 1968), a nourri une série de travaux sur l'histoire de l'enseignement (de la grammaire), sur le développement, ou parfois le blocage, institutionnel de certaines théories, sur le lien intrinsèque entre la linguistique et les institutions scolaires (cf. l'ouvrage publié avec S. Delesalle, *La linguistique, la grammaire et l'école 1750-1914*, 1986), enfin sur les rapports entre linguistique et histoire. Jean-Claude Chevalier s'est particulièrement intéressé au fonctionnement des doctrines grammaticales dans leur assise institutionnelle et dans leur contexte philosophique (la jonction de ces deux cadres a été essentielle pour l'émergence du dispositif de l'analyse grammaticale, au cœur de la grammaire scolaire). Il s'est affirmé comme un historien qui veut mettre à nu les présupposés idéologiques, les concepts épistémologiques et les prises de position méthodologiques sous-tendant et articulant le travail du grammairien. En même temps, il a posé les bases d'une recherche portant sur l'énonciation de contenus et de structures par les historiens de la langue et de la grammaire: comment faut-il comprendre et utiliser leurs concepts (comme ceux de «grammaire (traditionnelle)», de «linguistique», de «philologie», de «norme», de «langue» et de «nation»), quels sont les facteurs qui ont déterminé le changement de doctrines, la création d'appuis institutionnels, par quelle méthodologie (enquêtes, interviews, étude des revues, ...) peut-on dégager les présupposés et les «programmes» idéologiques en jeu? Dans ses travaux historiographiques, Jean-Claude Chevalier accorde aussi une place importante au sujet humain: cette composante «prosopographique» (qu'on pense à ses études récentes sur Brunot et Clédat) est une dimension essentielle de son épistémologie historique, parce qu'elle lui permet de situer la part de l'individuel et la part du social (ou institutionnel) dans la production du savoir, et de donner sa propre place au discours du grammairien/linguiste, en examinant l'instance d'énonciation. C'est ce discours que Jean-Claude Chevalier veut analyser dans toute sa densité et dans la complexité épistémologique qu'il trahit; le grammairien/linguiste est inextricablement lié à une tradition, à un *habitus* social et à une *épistêmê* socio-historique qui façonnent son analyse et qui modèlent son dit et son dire.

L'intégration harmonieuse de l'individu et de la société dans la réflexion sur l'histoire de structures — cognitives et institutionnelles, conjonction qui constitue l'essence de l'histoire d'une langue et de l'histoire de la linguistique — fait de l'œuvre de Jean-Claude Chevalier une contribution essentielle à l'histoire «profonde» des sciences humaines.

P. Swiggers
F.N.R.S. belge

Jean-Claude Chevalier:
Notice biographique et bibliographique

par

P. SWIGGERS

JEAN-CLAUDE CHEVALIER: NOTICE BIOGRAPHIQUE

Jean-Claude Chevalier est né à Tours le 5 avril 1925. Il a fait ses études secondaires au Lycée Hoche de Versailles, et ses études supérieures dans les meilleurs lycées de Paris (Condorcet, Henri IV et Louis-le-Grand) et à la Sorbonne.

Entre 1948 et 1955 Jean-Claude Chevalier a été professeur agrégé aux lycées de Lille et Roubaix; de 1955 à 1960 il a été rattaché à la Sorbonne comme assistant. Il s'occupe alors surtout de littérature et de stylistique, et s'intéresse tout particulièrement à l'œuvre de Guillaume Apollinaire[1].

Entre 1960 et 1968, Jean-Claude Chevalier a été chargé d'enseignement à la Faculté de Lille. Sous la direction de Robert-Léon Wagner il travaille alors à sa thèse de doctorat, menant simultanément l'entreprise de la *Grammaire Larousse du français contemporain* que Wagner avait confiée à une équipe de jeunes grammairiens-linguistes, ouverts aux innovations théoriques[2]. De cette *Grammaire*, Jean-Claude Chevalier a été le maître d'œuvre. Muni de sa connaissance approfondie de la tradition grammaticale, et suivant de près les publications modernes en grammaire française (cf. ses comptes rendus dans *L'Information littéraire* et dans *Le Français moderne*), il dessine les contours de la *Grammaire*: description (se soumettant à l'usage normé du français) qui respecte à la fois l'organisation en synchronie et les couches en diachronie — dressant ainsi le pont entre la formation philologique et les intérêts linguistiques des auteurs[3] —; analyse construite autour des éléments constituants du *discours* (d'où la place stratégique accordée à la phrase) et autour des

---

[1] Voir ses publications: «Quelques remarques sur un index de 'Calligrammes', *Revue des Lettres Modernes* 69/70 (1962), 40-53; *Apollinaire et le cubisme* (catalogue du Musée de Lille, 1965); «Apollinaire et le calembour», *Europe* 451-452 (1966), 56-76; «Apollinaire et la peinture moderne», *Le Français dans le monde* 40 (1966), 23-27; '*Alcools*' *d'Apollinaire. Essai d'analyse des formes poétiques* (Paris, 1970) et «G. Apollinaire, *Alcools*, 'Rosemonde'», *Langue française* 7 (1970), 36-44.

[2] La *Grammaire Larousse du français contemporain* a été publiée en 1964, par une équipe composée de Michel Arrivé, Claire Blanche-Benveniste, Jean-Claude Chevalier et Jean Peytard.

[3] «Il ne faut jamais oublier que la *Grammaire Larousse du français contemporain* a été écrite de 1961 à 1964, qu'elle a cherché à intégrer ce qui, à ce moment-là, dans le développement de la linguistique en France, était «contemporain». Autrement dit, ce qui était assimilé par des linguistes (encore peu nombreux dans l'Université française) et considéré par eux comme porteur du *nouveau* dans l'analyse du langage» (Jean Peytard, «Des auteurs parlent de leur grammaire», *Le Français dans le monde: Recherches et applications*, février 1989, p. 23).

classes morphosyntaxiques que sont les parties du discours; grammaire restant liée à la description de la langue littéraire (d'où la présence d'une partie sur la versification); description des formes qui tient constamment compte de la fonction. Grammaire d'ensemble — la visée totalitaire est ici une alliée de l'intention pédagogique —, la *Grammaire Larousse du français contemporain* est devenue un ouvrage de référence, dont l'homogénéité et le juste équilibre entre inventaire raisonné et analyse fonctionnelle restent les grands mérites, après trente ans[4].

La *Grammaire Larousse du français contemporain* paraît en 1964; c'est en marge de cet ouvrage de consultation que Jean-Claude Chevalier a exploré, et explorera, des problèmes épineux de la grammaire française: la fonction du passif, le rapport entre passif et voix pronominale, le système de détermination nominale, l'alternance *c'est/il est*. Mais au centre de sa réflexion théorique est le problème de la complémentation, nœud de la «syntaxe moderne». C'est à l'histoire de la notion de complément qu'il consacre sa thèse doctorale, véritable *opus magnum*, soutenue le 30 juin 1968: *Histoire de la syntaxe. Naissance de la notion de complément dans la grammaire française (1530-1750)*. Ce gros travail (776 pages) prend comme objet un fait important dans l'histoire de la grammaire française: la substitution de la notion de *complément* à celle de *régime*. Modification à première vue anodine, mais qui reflète une rupture dans l'épistémologie grammaticale: alors que la notion de régime était liée à une description des mots (dont certains pouvaient entrer dans des rapports de concordance ou de régime), la notion de complément prend sa place dans un dispositif organisé à partir de la phrase. Cette substitution a pris deux siècles: c'est dire le poids de traditions grammaticales basées sur l'analyse de langues synthétiques — où la visée à partir du mot (avec les variations qu'il pouvait subir) était justifiée —, qui ont pesé sur les approches des langues vernaculaires. La complexité de cette substitution — qui a affecté le cadre global de la description grammaticale — apparaît dès qu'on étudie, en série progressive, les centaines de grammaires qui ont vu le jour entre 1530 et 1750: elle se manifeste le plus nettement dans le traitement (ou l'absence de traitement) de l'article. En effet, c'est autour de l'analyse de «l'assiette du nom» que pivote la mutation épistémologique: d'un côté, il y a le maintien d'une déclinaison nominale du nom (sans flexion casuelle) en français, ce qui requiert la redistribution des articles et des prépositions *à* et *de* dans le paradigme du nom; de l'autre côté — conceptuel et chronologique —, il y a la nette séparation des articles et des prépositions, et l'insertion du nom dans une analyse logico-sémantique de l'intension et de l'extension d'un nom actualisé (ce que nous appelons aujourd'hui

---

[4] L'ouvrage a été réédité en 1988, sous forme de livre de poche; seules la préface et la bibliographie ont été modifiées.

syntagme nominal). L'intérêt de l'analyse de Jean-Claude Chevalier — qui rejoint, illustre et complète sur plus d'un point l'analyse plus distancée de Michel Foucault dans *Les Mots et les Choses* — est qu'elle montre

(a) que cette mutation n'est pas une affaire de progrès rectiligne ou d'idées acquises une fois pour toutes: en effet, si Palsgrave apporte déjà en 1530 la solution de base du problème de l'article en français[5], il faudra attendre le milieu du XVIIIe siècle pour voir se mettre en place une théorie des articles qui assigne aux prédéterminants la valeur d'actualisateurs (et non plus celle de marques des cas);

(b) que, quel que soit le traitement qu'on propose des articles (et des prépositions), toute approche d'un problème de grammaire est tributaire d'une pédagogie des langues (anciennes et modernes); or, à l'enseignement privé et aux écoles ouvertes et désordonnées du XVIe et du XVIIe siècle succède une école organisée, favorisant l'analyse logique et accordant un rôle cognitif (et propédeutique) à la grammaire, science formatrice de l'esprit humain. La construction d'une syntaxe est donc solidaire d'une mutation générale dans l'enseignement et dans la société.

La thèse de Jean-Claude Chevalier s'inscrit dans un courant d'épistémologie historique et de philosophie d'inspiration structuraliste. L'épistémologie historique y apparaît sous la forme d'une réflexion sur les principes méthodologiques et sur les apports descriptifs — mais non moins sur les tâtonnements et les erreurs — des grammairiens, du XVIe au XVIIIe siècle; la philosophie d'inspiration structuraliste prend comme objet les conditions d'apparition de certains types de description, l'émergence de méthodes formelles appliquées aux langues vernaculaires, la révolution qui se produit avec une analyse des ensembles (à savoir les propositions), scindée plus tard en analyse grammaticale et analyse logique[6]. Enfin, les deux cadres de réflexion — celui de l'épistémologie historique et celui de la philosophie structuraliste — se recoupent dans leur analyse du problème fondamental: pourquoi le français a-t-il reçu la description qui en a été faite par des générations de grammairiens? Cet examen a une valeur d'actualité constante: «Les tâtonnements des grammairiens, ces louvoiements difficiles autour de quelques bouées, ce sort fait aux déterminants et aux pronoms, aux prépositions, à la déclinaison doivent attirer notre

---

[5] Cf. P. Swiggers, «L'article en français: l'histoire d'un problème grammatical», *Revue de Linguistique romane* 49 (1985), 379-409.

[6] Cf. les articles suivants de Jean-Claude Chevalier: «Analyse grammaticale et analyse logique. Esquisse de la naissance d'un dispositif scolaire», *Langue française* 41 (1979), 20-34; «Analyse grammaticale et analyse logique: examen d'un dispositif scolaire», *Pratiques* 22-23 (1979), 147-159; «Analyse grammaticale et analyse logique», *Mélanges de langue et de littérature française offerts à Pierre Larthomas* (Paris, 1985), 113-121; «Grammatical Analysis and Logical Analysis in France», *Topoi* 4 (1985), 187-191.

attention. Il ne nous paraît pas indifférent que les premiers à avoir essayé
de saisir la spécificité du français, à avoir tenté d'en établir un système un
peu cohérent se soient rassemblés autour des mêmes faits; de leurs discussions, de leurs incertitudes mêmes ressort avec pertinence ce qui est au
centre du fonctionnement du discours français. Ressort que notre langue
repose sur un jeu d'opérateurs, peu nombreux, mais d'un emploi extrême-
ment délicat; c'est ce jeu qu'instinctivement les grammairiens cherchent à
décrire, et même à régler, au milieu des pires difficultés. C'est sur ces
pivots que le français, langue abstraite, tourne. Ces analyses de nos prédécesseurs nous ont permis de mieux voir ce que la linguistique contempo-
raine dévoile: que les langues abstraites répondent à un jeu de transforma-
tions, dont les éléments de transfert sont des mots comme *que*, comme
de et *à*, comme *être* et *avoir*; nous avons choisi ces mots parce qu'ils se
placent à des niveaux différents, mais ils permettent tous d'assurer
ces translations qui autorisent des démarches récurrentielles infinies.
L'histoire de la grammaire n'a donc pas seulement une valeur descriptive,
elle a aussi, croyons-nous, valeur heuristique; elle nous fait découvrir
quels sont les points essentiels d'agencement de notre langue. Que les
grammairiens, nos prédécesseurs, aient buté contre *c'est* ou *il y a*, encore
plus contre *de* ou *que* a, pour nous, valeur d'un appel»[7].

La thèse de 1968 portait sur l'histoire de la grammaire française du
XVIe au XVIIIe siècle, et Jean-Claude Chevalier est resté un spécialiste
de cette matière: dans ses publications il est souvent revenu à quelques
jalons importants de cette histoire, tels que les grammaires de Palsgrave[8],
de Ramus[9], de Port-Royal[10], de Girard[11], en prenant soin de marquer les
liens étroits avec la pédagogie[12].

---

[7] *Histoire de la syntaxe, o.c.*, p. 732.

[8] «Le problème des données dans deux grammaires anglaises du français:
Lesclarcissement de John Palsgrave (1530) et *The French Schoolmaster* de Cl. Sainliens dit
Holyband (1609)», *Crossroads and Perspectives: French Literature of the Renaissance*
(C.M. Grisé et C.D.E. Tolton éds, Genève, 1986), 65-75.

[9] «Nature des pronoms et construction de la syntaxe: note sur Scaliger et Ramus»,
Histoire, Épistémologie, Langage 4/2 (1982), 55-61.

[10] «La *Grammaire générale* de Port-Royal et la critique moderne», *Langages* 7
(1967), 16-33 et «Grammaire générale de Port-Royal et tradition grecque. La constitution
des parties du discours: classement et signification», *La grammaire générale, des
Modistes aux Idéologues* (A. Joly et J. Stéfanini éds, Lille, 1977), 145-156.

[11] «Note sur la notion de synonymie chez trois grammairiens des XVIIe et XVIIIe siècles», *Langages* 24 (1971), 40-47 et «Quand un examen nouveau du Lexique réforme la
conception de la Syntaxe. L'exemple de l'abbé Girard (1677-1748)», *Tendances récentes
en linguistique française et générale. Volume dédié à David Gaatone* (H. Bat-Zeev
Shyldkrot et L. Kupferman éds, Amsterdam, 1995), 135-142.

[12] «La Grammaire générale et la pédagogie au XVIIIe siècle», *Le Français moderne*
40 (1972), 40-51 et «La pédagogie des collèges jésuites», *Littérature* 7 (1972), 120-128.
Jean-Claude Chevalier y insiste sur l'importance cruciale de l'exercice de la *praelectio*,
impliquant des stratégies de construction et de 'translation'.

Mais c'est toute l'histoire de la grammaire française que Chevalier maî-
trise et qu'il présente, dans un choix de textes, au grand public en 1970[13];
un quart de siècle après, il fournira un aperçu synthétique de cette histoire
sous forme de manuel[14]. Entre ces deux dates se situent sa carrière de
maître de conférences, de professeur ensuite, à l'Université Paris-VIII[15],
et son œuvre d'analyste du discours sur la langue et la grammaire, tournée
vers le XIXᵉ et le XXᵉ siècle. En effet, là où les grammaires du XVIᵉ et du
XVIIᵉ siècle offraient surtout matière à réflexion à propos des approches
possibles d'un problème grammatical et à propos du statut des exemples[16]
dans les grammaires (scolaires), les XIXᵉ et XXᵉ siècles sont marqués par
l'entrée de la linguistique dans le champ de la grammaire. À cheval sur ces
deux périodes se situe la science grammaticale des Idéologues, sujet de
prédilection de Jean-Claude Chevalier[17]: d'une part, les Idéologues —
retravaillant l'héritage de Condillac, de La Mettrie et des Encyclopédistes
— ont récupéré la théorie des signes pour donner à la grammaire générale
sa place entre la géographie politique et historique et le cours de morale et
législation, ce qui en montre la pertinence pour l'étude historique du sujet
humain comme être social[18]; mais d'autre part, l'entreprise des Idéologues

---

[13] Michel Arrivé et Jean-Claude Chevalier, *La grammaire. Lectures* (Paris, 1970).

[14] *Histoire de la grammaire française* (Paris, 1994).

[15] Depuis 1989, Jean-Claude Chevalier est aussi membre du Conseil supérieur de la
Langue française.

[16] Cf. les articles «Le jeu des exemples dans la théorie grammaticale. Étude historique»,
Grammaire transformationnelle: Syntaxe et lexique (J.-C. Chevalier éd., Lille, 1976), 233-
263; «Exemples, théorie, tradition», *Méthodes en grammaire française* (J.-C. Chevalier et
M. Gross éds, Paris, 1976), 201-207, et «Le discours grammatical: statut des exemples»,
L'analyse du discours (P. Léon et H. Mitterand éds, Montréal, 1976), 167-178.

[17] Voir les articles suivants: «Les Idéologues, le sujet de l'histoire et l'étude des
langues» (avec Claude Désirat et Tristan Hordé), *Dialectiques* 12 (1976), 15-31; «Les
Idéologues et le comparatisme historique», *In Memoriam Friedrich Diez* (H.-J. Niederehe
et H. Haarmann éds, Amsterdam, 1976), 175-195; «Un obstacle épistémologique en 1825:
le chinois à Paris», *Romantisme* 25-26 (1979), 107-116; «Les Idéologues et le style»,
Histoire, Épistémologie, Langage 4/1 (1982), 93-97; «Grammaire philosophique et
enseignement des Écoles centrales», *Les Idéologues: sémiotique, théories et politiques linguistiques pendant la Révolution française* (W. Busse et J. Trabant éds, Amsterdam, 1986),
207-218; «Grammaire philosophique ou décadence de la grammaire et de la philosophie:
la grammaire en 1800», *Speculative Grammar, Universal Grammar and Philosophical
Analysis of Language* (D. Buzzetti et M. Ferriani éds, Amsterdam, 1987), 85-95.

[18] «Les grammaires scolaires françaises ont reçu une marque décisive à la fin du
XVIIIème siècle quand les révolutionnaires ont construit de toutes pièces un système pédagogique — très remarquable — dont le pivot étaient les Écoles centrales auxquelles suc-
céderont les Lycées impériaux. Les Pères fondateurs sont les Idéologues dont le plus
intéressé est Destutt de Tracy; ils sont disciples de Condillac. Leur objectif: instituer un
citoyen libre et responsable, épris de raison. Au centre du programme, l'étude de la langue,
conçue à la fois comme un outil de communication et comme un instrument d'analyse pour
toutes les sciences» (Jean-Claude Chevalier, «Qu'entendre par 'grammaire traditionnelle'?», *Revue québécoise de linguistique* 15/2 [1986], 289-297, ici p. 289).

sera un obstacle à la pénétration de la grammaire historico-comparative, qui n'a nul besoin d'une théorie de la représentation des idées par les signes langagiers et qui s'enfonce dans la philologie. Ce blocage institutionnel a pesé de tout son poids sur l'enseignement et la recherche en France dans la première moitié du XIXᵉ siècle: le dysfonctionnement des universités et de l'École normale, et le passage des jeunes agrégés à l'administration font que, à l'exception du Collège de France, de l'École des Chartes et des académies, il n'y a pas de recherche scientifique soutenue en France. Ce n'est qu'à partir du milieu du siècle, après les efforts faits par les ministres Guizot et Villemain, qu'est encouragée la recherche à l'École normale et qu'est installée une formation des étudiants en lettres. Grâce au ministre Fortoul, grâce aussi à une brillante génération (Michel Bréal, Gaston Paris, Paul Meyer, Charles Thurot), l'université française participe au mouvement scientifique, en s'ouvrant à la science allemande (tout en la critiquant, s'il y a lieu). La *Romania*, la *Revue des langues romanes*, la *Revue critique*, le *Bulletin de la Société de linguistique de Paris*, la *Revue des Patois*, sont autant de signes de la force de cette jeune science française dans le domaine des langues et des littératures.

C'est au XIXᵉ siècle que le travail scientifique devient lui-même une institution, liée à d'autres institutions (comme l'enseignement, le gouvernement) et assumant de nettes fonctions économiques et politiques. La France s'efforce de tenir la tête à l'Allemagne et même de donner le ton en matière de linguistique; elle n'y réussira que pour une courte période, dans les domaines de la romanistique et de l'indo-européanisme. Mais, s'enracinant dans l'*histoire*, elle néglige la *structure*, concept-clef de la nouvelle tendance qui se manifeste dans les années 1920-1930. L'ancrage de la science linguistique en France, à un moment où l'Europe orientale, centrale et septentrionale s'ouvre au structuralisme, apparaît de l'œuvre même des grands patrons: Antoine Meillet, Joseph Vendryes, Mario Roques, Albert Dauzat et Ferdinand Brunot, excellents linguistes et/ou philologues, mais incapables de mettre en pratique et de développer l'enseignement de Saussure. Le résultat sera que la recherche linguistique en France devient hétérogène, tiraillée entre le fonctionnalisme et divers types de pseudo-structuralisme, le sociologisme et le psychologisme, et que — à part quelques rares exceptions — le comparatisme linguistique s'effondre.

C'est à la personnalité fascinante de Ferdinand Brunot que Jean-Claude Chevalier a consacré plusieurs travaux dans la dernière décennie[19]. Brunot est en effet une figure qui mérite qu'on s'y attarde:

---

[19] Voir les articles suivants: «Ferdinand Brunot et l'épopée des mots», *Le Monde* 15 décembre 1988, p. 17; «Ferdinand Brunot et le français langue étrangère», *Documents pour l'histoire du français, langue étrangère ou seconde* 3 (1989), 13-15; «La place de la définition dans *La Pensée et la Langue* de F. Brunot (1922). Sept remarques»,

grammairien et didacticien, ce doyen d'université est aussi, par vocation, un historien de la langue. Ce concept de «langue» subit une transformation radicale au long de son *Histoire de la langue française*: de l'inventaire des structures phonétiques et morphosyntaxiques — la charpente de la grammaire historique —, Brunot en vient à étudier, et à privilégier très nettement, le lexique et le discours sur la langue et autour de la langue. Son *Histoire de la langue française*, œuvre monumentale, s'amplifie au long de son élaboration: d'une part, parce que Brunot a vu que l'histoire de la langue doit être une histoire totale[20], d'autre part parce que Brunot s'est attelé à une mission, celle de montrer que le français est le véhicule de l'ouverture et du progrès. Par cette décision, Brunot s'écarte résolument du camp des linguistes: «Idéologiquement, Brunot sera exalté par l'idée de contribuer, en magnifiant le rôle de la langue française, au rétablissement de la France humiliée, que la nouvelle Histoire, pour sa part, contribue à relever. Professionnellement, il pourra s'appuyer sur les ténors de la nouvelle Sorbonne, normaliens comme lui: Lavisse pour l'histoire, Petit de Julleville pour les lettres, qui ne lui ménageront pas leur appui. Ainsi il constituera, sur une base classique, un champ, doté d'une force propre. Il n'a aucune raison d'aller écouter Bergaigne, pas plus que ce remplaçant suisse de Bréal qui parle du gotique. Mais son choix va être surtout déterminé par une force institutionnelle considérable que ses titres et ses connaissances vont lui permettre d'exploiter. Clivage définitif: il ne fréquentera pas les linguistes, n'appartiendra que très tard, en 1903, à la Société de Linguistique de Paris, et, s'il en est une année Président, en 1907, c'est

---

La définition (J. Chaurand et F. Mazière éds, Paris, 1990), 78-83; «Syntaxe et sémantique en grammaire. Histoire d'une méprise: F. Brunot et Ch. Bally», *Sprachtheorie und Theorie der Sprachwissenschaft. Geschichte und Perspektiven. Festschrift für Rudolf Engler zum 60. Geburtstag* (R. Liver, I. Werlen et P. Wunderli éds, Tübingen, 1990), 95-107; «Ferdinand Brunot 1860-1938. La diffusion du français dans l'*Histoire de la langue française* 1905-1937. Étude de la méthode d'analyse», *Études de linguistique appliquée* 78 (1990), 109-116; «Ferdinand Brunot (1860-1937) [à corriger: (1860-1938)], *La Pensée et la Langue*», *La grammaire française entre comparatisme et structuralisme 1870-1960* (H. Huot éd., Paris, 1991), 73-114; «L'*Histoire de la Langue française* de F. Brunot», *Les Lieux de Mémoire* (P. Nora éd., Paris, 1992), vol. III/2, 420-459; «F. Brunot (1860-1937) [à corriger: (1860-1938)]. La fabrication d'une mémoire de la langue», *Langages* 114 (1994), 54-68; «Ferdinand Brunot et la norme», *Genèse de la (des) norme(s) linguistique(s). Hommage à Guy Hazaël-Massieux* (D. Baggioni et É. Grimaldi éds, Aix-en-Provence, 1994), 155-161.
[20] *Histoire de la langue française*, t. XI:2, p. 349: «L'histoire de la langue entrait dans l'histoire de l'art. Mon rôle à moi a été de la faire entrer dans l'histoire tout court, de suivre époque par époque le mouvement que la vie de la nation imprimait par une correspondance nécessaire à la vie de l'idiome et inversement [...] L'exemple que j'ai donné sera peut-être fécond, et c'est une grande joie pour un homme de science d'avoir découvert non seulement des faits, mais des méthodes et de nouvelles matières de recherche».

comme notable», le titre étant surtout honorifique, un notable le plus souvent absent. Il sera grammairien et historien de la langue; exclusivement»[21]. De même, dans *La Pensée et la Langue*, Brunot se montre bon grammairien et piètre linguiste: il construit un réseau de correspondances entre l'idéologique (le domaine des idées) et le linguistique (l'expression langagière des idées), mais le domaine du linguistique est traité de façon hétérogène et disparate: Brunot mélange synchronie et diachronie, et passe du paradigmatique au syntagmatique (et même au-delà)[22].

Il n'en reste pas moins que Ferdinand Brunot a été un pionnier: il a modernisé l'enseignement de la langue maternelle, a créé les Archives de la parole, a combattu — en vain — pour une orthographe réformée, et a posé les fondements empiriques d'une lexicologie historique, qui trouvera sa place dans le *Französisches etymologisches Wörterbuch* de von Wartburg.

L'œuvre didactique et historique de Brunot coïncide avec le début d'une nouvelle période dans les rapports entre la grammaire et l'école, et met fin à celle qui, plongeant ses racines dans la grammaire philosophique du XVIIIe siècle, s'était sclérosée au XIXe siècle comme «grammaire scolaire»[23]. Entre 1880 et 1920[24], la linguistique et la grammaire françaises s'orientent vers l'histoire, mais ratent la jonction avec la structure. La France passera à l'arrière-scène de la linguistique, et il est significatif que les œuvres hardies d'un Martinet, d'un Haudricourt, d'un Tesnière, d'un Guillaume n'ont eu qu'un faible écho dans l'hexagone.

Le meilleur signe de ce retard français est sans doute le fait que dans les années 1960 sont créées des revues[25] — comme *Langages* et *Langue française*[26] — qui ont pour but de «faire le point sur les recherches en

---

[21] Jean-Claude Chevalier, «F. Brunot (1860-1937). La fabrication d'une mémoire de la langue», *a.c.* [n. 19], 58.

[22] Charles Bally le critiquera d'ailleurs sur ces points; cf. Jean-Claude Chevalier, «Syntaxe et sémantique en grammaire. Histoire d'une méprise: F. Brunot et Ch. Bally», *a.c.* [n. 19].

[23] Sur la vocation universelle de la grammaire philosophique du XVIIIe siècle, son édification par les Idéologues au tournant du XVIIIe et du XIXe siècle, sa déchéance au XIXe siècle — face à la montée de l'étude historico-philologique des langues—, voir Simone Delesalle et Jean-Claude Chevalier, *La linguistique, la grammaire et l'école 1750-1914* (Paris, 1986).

[24] Sur cette période, voir Jean-Claude Chevalier, «Les grammaires françaises et l'histoire de la langue», *Histoire de la langue française 1880-1914* (G. Antoine et R. Martin éds, Paris, 1985), 577-600.

[25] Cf. Jean-Claude Chevalier et Pierre Encrevé, «La création de revues dans les années 60», *Langue française* 63 (1984), 57-102.

[26] Revue que Jean-Claude Chevalier a co-dirigée de 1969 à 1991. Voir les articles: «[La revue] *Langue française*», *Romanische Forschungen* 100 (1988), 120-122; «Note sur les modalités d'institution et de transformation d'une revue de recherche», *Revue et recherche* (B. Didier et M.-C. Ropars éds, Paris, 1994), 177-183.

linguistique», et, très souvent, de raccrocher la recherche française aux tendances modernes. Ces revues avaient donc mission de recherche et mission d'information, souvent elles avaient une nette orientation didactique (cf. *Le Français dans le monde*)[27]. Jean-Claude Chevalier, président de la Commission ministérielle de réflexion sur l'enseignement du français (1983-1986) et responsable du groupe «Enseignement des langues» (1988-1990), a suivi de près l'émergence et l'évolution de ces revues et en a fait une analyse sociologique, portant sur le rôle, la position institutionnelle, le champ professionnel, et l'incidence scientifique de ces organes de publication, en les insérant dans une histoire sociale de la linguistique[28] qui met à profit les ressources des archives et des témoignages pris sur le vif[29].

Qu'on fasse de la linguistique ou de la grammaire, la réflexion sur la langue, dans le passé et au présent, est toujours pour Jean-Claude Chevalier une invitation à découvrir, dans les textes, l'inscription du sujet, de l'histoire et de la société[30]. La langue est en effet le nœud d'un double mouvement, adaptif et extensif, de socialisation: «d'une part, dans la langue, s'entrecroisent les traits d'organisation d'un instrument social de communication, d'autre part, en chaque langage est le lieu, pour tout parleur de recréer le monde et d'en endosser toutes les représentations théoriques et idéologiques»[31]. La langue apparaît donc comme le lieu où l'épistémologie historique doit nécessairement se convertir en réflexion sur les conditions, le fonctionnement et la place institutionnelle des discours.

---

[27] Cf. Jean-Claude Chevalier et Jean-Claude Beacco, «Les rapports de la linguistique et de la didactique des langues», *La didactique des langues en face à face* (D. Lehmann éd., Paris, 1988), 31-48.

[28] Cf. Jean-Claude Chevalier et Pierre Encrevé éds, *Vers une histoire sociale de la linguistique* (= *Langue française* 63), Paris, 1984.

[29] Voir Jean-Claude Chevalier, «Le rôle de l'interview dans l'histoire de la linguistique», *Pour une histoire de l'enseignement du français en Italie* (A.M. Mandich et C. Pellandra éds, 1991), 327-336; «Actualité de l'enquête et des études sur l'oral» (Table ronde), *Langue française* 93 (1992), 94-119.

[30] Ces «découvertes» ont fait l'objet non seulement de nombreuses publications, mais aussi de multiples conférences à l'étranger, en Europe, en Afrique et en Amérique. En 1965, Jean-Claude Chevalier fut professeur invité à Toronto; en octobre-décembre 1990, à la Columbia University de New York, et en septembre-octobre 1994 à l'Université de Campinas au Brésil.

[31] Jean-Claude Chevalier, «La langue. Linguistique et histoire», *Faire de l'histoire* III: *Nouveaux objets* (J. Le Goff et P. Nora éds, Paris, 1974), 95-114, ici p. 112.

JEAN-CLAUDE CHEVALIER: NOTICE BIBLIOGRAPHIQUE

1959

(& Anne ZWIEBEL) «Langage, réalité, vérité». *Le Semeur* 3. 65-69.
c.r. de M. Riffaterre, *Le Style des Pléiades de Gobineau. Essai d'application d'une méthode stylistique. Revue des sciences humaines* 94. 223-225.

1960

c.r. de J.A. Verschoor, *Étude de grammaire historique et de style sur le style direct et les styles indirects en français. Studia linguistica* 14. 134-136.

1961

c.r. de D. Waser-Holzgang, *Beitrag zur Syntax der Präpositionen **par** und **pour** im modernen Französisch. Romance Philology* 15. 72-78.
c.r. de S.-G. Neumann, *Recherches sur le français des XVe et XVIe siècles et sur sa codification par les théoriciens de l'époque. Le Français moderne* 29. 149-151.

1961—1974

c.r. d'ouvrages de grammaire. *L'Information littéraire*.

1962

«Remarques sur l'emploi du passif». *Le Français dans le monde* 8. 9-11.
(& J.-P. MOUCHET, J. PIGNON, J. CHAURAND, A. CHEVALLIER, M. ARRIVÉ, H. BONNARD) «Discussion: l'apposition». *Le Français moderne* 30. 172-192. [186-191]
«Quelques remarques sur un index de 'Calligrammes' [de G. Apollinaire]». *Revue des Lettres Modernes* 69/70. 40-53.

1963

(avec Denis O'MAHONY) «L'alternance *C'est ~ Il est*». *Le Français dans le monde* 19. 7.

1964

(& Claire BLANCHE-BENVENISTE, Michel ARRIVÉ, Jean PEYTARD) *Grammaire Larousse du français contemporain*. Paris: Larousse. 495 p.

[c.r. R. MARTIN, *Bulletin des Jeunes Romanistes* 11/12 (1965) 79-82; M. BARRAL, *Revue des Langues romanes* 79 (1965) 139-141; O. DUCHÁČEK, *Sbornik prací Filosofické Fakulty Brněnské University*, ser. A, 15 (1966) 220-223; M. GLATIGNY, *Le Français moderne* 34 (1966) 311-315; J. STÉFANINI, *Bulletin de la Société de Linguistique de Paris* 61/2 (1966) 59-66; H. VERNAY, *International Review of Applied Linguistics in Language Teaching* 4 (1966) 67-69; L. VESELSKÝ, *Cizí jazyky ve škole* 18 (1966-1967) 239; B. SCHLYTER, *Moderna språk* 61 (1967) 63-66; M. ELIOT, *Langue française* 1 (1969) 95-98]

«Quelques remarques sur le vocabulaire du 'Toast funèbre' de St. Mallarmé. Champs sémantiques et fonctions du langage». *Cahiers de l'Association internationale des Études françaises* 16. 9-19.

1964

(& Georges GOUGENHEIM) «Grammaire au Moyen Age». *Dictionnaire des lettres françaises: Le Moyen Age*, 332-334. Paris: Fayard.

«Jean de Garlande». *Dictionnaire des lettres françaises: Le Moyen Age*, 414-415. Paris: Fayard.

1965

Apollinaire et le cubisme. Catalogue rédigé et préfacé par Jean-Claude CHEVALIER, 1-99. Musée de Lille.

(& Leroy C. BREUNIG) éds, *Guillaume Apollinaire: Les peintres cubistes. Méditations esthétiques.* Paris: Hermann. 237 p. [Réédition 1980].

1966

«Éléments pour une description du groupe nominal. Les prédéterminants du substantif». *Le Français moderne* 34. 241-253.

«Apollinaire et le calembour». *Europe* 451-452. 56-76.

«Apollinaire et la peinture moderne». *Le Français dans le monde* 40. 23-27.

c.r. de M. Lehtonen, *L'expression imagée dans l'œuvre de Chateaubriand. Le Français moderne* 34. 233-235.

c.r. de M.A. Lecuyer, *Étude de la prose de P. Valéry dans «La soirée avec M. Teste». Le Français moderne* 34. 315-316.

1967

(& Michel ARRIVÉ) éds, *Linguistique française. Théories grammaticales* (= *Langages* 7).

«La *Grammaire générale* de Port-Royal et la critique moderne». *Langages* 7. 16-33.

1968

Histoire de la syntaxe. Naissance de la notion de complément dans la grammaire française (1530-1750). Genève: Droz. 776 p. [= Thèse,

Université de Paris: «La notion de complément chez les grammairiens. Étude de grammaire française 1530-1750»]
[c.r. J. Stéfanini, *Langue française* 1 (1969) 110-115; A. Lorian, *Romance Philology* 23 (1969-1970) 581-585; J. Bourguignon, *Revue de Linguistique romane* 34 (1970) 441-445; J. Chaurand, *Le Français moderne* 38 (1970) 361-364; B. Scharlau, *Archiv für das Studium der neueren Sprachen* 207 (1970-1971) 227-230; J. Kristeva, «Objet, complément, dialectique», *Critique* 286 (1971) 99-121; R.-L. Wagner, *Bulletin de la Société de Linguistique de Paris* 66/2 (1971) 48-52].
«Quelle grammaire enseigner?». *Le Français dans le monde* 55. 21-25.
«Une révolution pédagogique». *Le Monde* n° 7175, 7 février. p. V.
c.r. de V. Graham, *The Imagery of Proust. Revue d'Histoire littéraire de la France* 68. 149-150.

1969

«Naissance de la notion de complément dans la grammaire française». *L'Information littéraire* 21: 3. 124-126.
«Exercices portant sur le fonctionnement des présentatifs». *Langue française* 1. 82-92.
(& Michel Arrivé) éds, *La stylistique* (= *Langue française* 3). Paris: Larousse. 128 p.
«Propositions pour un glossaire». *La stylistique* (= *Langue française* 3), 32-33.
«Linguistique et littérature. Langages n° 12». *Le Français dans le monde* 64. 50.
«Linguistique et Littérature. Colloque de Cluny. *La Nouvelle Critique*, n° spécial». *Le Français dans le monde* 64. 50.
«Registres et niveaux de langue: les problèmes posés par l'enseignement des structures interrogatives». *Le Français dans le monde* 69. 35-41.
c.r. de R. Donzé, *La Grammaire générale et raisonnée de Port-Royal. Le Français moderne* 37. 68-71.
c.r. de G. Court, *La grammaire nouvelle à l'école. Le Français moderne* 37. 360-361.

1970

«L'histoire de la grammaire. Quelques ouvrages récents». *Revue romane* 5. 145-158.
(& Michel Arrivé) *La grammaire. Lectures*. Paris: Klincksieck. 321 p.
[c.r. R.-L. Wagner, *Bulletin de la Société de Linguistique de Paris* 66/2 (1971) 24-25; M. Leroy, *Revue belge de philologie et d'histoire* 50 (1972) 972-973; A. Lorian, *Romance Philology* 26 (1972-1973) 407-411; M.L. Gutiérrez Araus, *Revista de filología española* 56 (1973) 112-114; J. Levitt, *Word* 29 (1978) 261-264; D.J. Van Alkemade, *Rapports* 43 (1979) 119]

'Alcools' d'Apollinaire. Essai d'analyse des formes poétiques. Paris: Minard. 280 p.

«Réflexions sur une expérience faite dans une classe de sixième». *Langue française* 6. 13-19.

«G. Apollinaire, *Alcools,* 'Rosemonde'». *Langue française* 7. 36-44.

c.r. de J. Kristeva, Σημειωτική. *Langue française* 7. 115-116.

c.r. de H. Meschonnic, *Pour la poétique. Langue française* 7. 127-128.

c.r. de C. Morhange-Bégué, *'La Chanson du Mal-Aimé'. Essai d'analyse structurale et stylistique d'un poème d'Apollinaire. Langue française* 7. 123-124.

1971

«Note sur la notion de synonymie chez trois grammairiens des XVIIe et XVIIIe siècles». *Langages* 24. 40-47.

«Tendances nouvelles constatées en France pour l'analyse linguistique des textes littéraires». Pierre LÉON éd., *Problèmes de l'analyse textuelle,* 113-122.

c.r. de C. Porset (éd.), *Varia linguistica. Revue d'Histoire littéraire de la France.* 71. 703.

c.r. de A. Joly (éd.), *F. Thurot: Tableau des progrès de la science grammaticale. Revue d'Histoire littéraire de la France* 71. 703-704.

1972

(& Pierre KUENTZ) éds, *Langage et histoire* (= *Langue française* 15). Paris: Larousse. 128 p.

«Langage et histoire». *Langage et histoire* (= *Langue française* 15), 3-17.

«La Grammaire générale et la pédagogie au XVIIIe siècle». *Le Français moderne* 40. 40-51.

«La pédagogie des collèges jésuites». *Littérature* 7. 120-128.

1973

«Idéologie grammaticale et changement linguistique. Note». *Langages* 32. 115-121.

«L'enseignement du français: perspectives 2000». *Le Français dans le monde* 100. 17-21.

1974

«La langue. Linguistique et histoire». Jacques LE GOFF — Pierre NORA éds, *Faire de l'histoire* III: *Nouveaux objets,* 95-114. Paris: Gallimard.

c.r. de A. Joly (éd.) J. Harris, *Hermès ou recherches philosophiques sur la grammaire universelle* (trad. F. Thurot). *Le Français moderne* 41. 70-72.

1975

«La linguistique. Discours pour l'Inégalité». Jean-Paul ARON éd., *Qu'est-ce que la culture française*, 55-76. Paris: Denoël.

«L'analyse du discours et sa signification. Les 'Entretiens d'Ariste et Eugène' du Père Bouhours». *Littérature* 18. 63-78.

1976

(éd.) *Grammaire transformationnelle: Syntaxe et lexique*. Lille: Presses Universitaires de Lille. 265 p.

«Le jeu des exemples dans la théorie grammaticale. Étude historique». Jean-Claude CHEVALIER éd., *Grammaire transformationnelle: Syntaxe et lexique*, 233-263. Lille: Presses Universitaires de Lille.

(& Claude DÉSIRAT, Tristan HORDÉ) «Les Idéologues, le sujet de l'histoire et l'étude des langues». *Dialectiques* 12. 15-31.

«Les Idéologues et le comparatisme historique». Hans-Josef NIEDEREHE — Harald HAARMANN éds, *In Memoriam Friedrich Diez. Akten des Kolloquiums zur Wissenschaftsgeschichte der Romanistik, Trier 2.-4. Oktober 1974*, 175-195. Amsterdam: Benjamins.

(& Maurice GROSS) éds, *Méthodes en grammaire française*. Paris: Klincksieck. 226 p.
[c.r. W.D. DONALDSON, *The French Review* 52 (1978-1979) 366-367; F.M. JENKINS, *Romance Philology* 36 (982) 108-111]

«Exemples, théorie, tradition». Jean-Claude CHEVALIER — Maurice GROSS éds, *Méthodes en grammaire française*, 201-207. Paris: Klincksieck.

«Le discours grammatical: statut des exemples». Pierre LÉON — Henri MITTERAND éds, *L'analyse du discours*, 167-178. Montréal: Centre éducatif et culturel.

1977

«Grammaire générale de Port-Royal et tradition grecque. La constitution des parties du discours: classement et signification». André JOLY — Jean STÉFANINI éds, *La grammaire générale, des Modistes aux Idéologues*, 145-156. Lille: Presses universitaires de Lille.

«Note sur les parties du discours: l'infinitif, verbe ou adverbe?». Christian ROHRER éd., *Actes du colloque franco-allemand de linguistique théorique*, 109-113. Tübingen: Niemeyer.

«Les *Entretiens d'Ariste et d'Eugène* du Père Bouhours, soit la littérature et l'idéologie». Michèle DUCHET — Michèle JALLEY éds, *Langue et langages de Leibniz à l'Encyclopédie*, 25-43. Paris: U.G.E.

(& Pierre KUENTZ), «Autour de l'article *Collège*». *ibid.*, 225–244.

(& Anne NICOLAS) éds, *Mythe de l'origine des langues* (= *Revue des sciences humaines* 166). Lille: Presses universitaires de Lille.

«Langages. Biologie des origines et sociologie des développements. A. Comte». *Revue des sciences humaines* 166. 227-240.

«Table ronde: 'Linguistique et sociologie du langage'». *Langue française* 34. 35-51. [p. 36-37]

«Linguistique et analyse du texte littéraire». *Analyse et validation dans l'étude des données textuelles*, 35-40. Paris: Éditions du C.N.R.S.

«Peut-on ne pas être éclectique?» (entretien avec Jean-Claude Chevalier). *Le Français dans le monde* 129. 66-71.

1978

«Grammaire latine et grammaire française: le problème de la syntaxe». Jean COLLART (al.), *Varron: grammaire antique et stylistique latine*, 135-147. Paris: Les Belles Lettres.

1979

«Un obstacle épistémologique en 1825: le chinois à Paris». *Romantisme* 25-26 = *Conscience de la langue*, 107-116.

«Analyse grammaticale et analyse logique. Esquisse de la naissance d'un dispositif scolaire». *Langue française* 41. 20-34.

«Analyse grammaticale et analyse logique: examen d'un dispositif scolaire». *Pratiques* 22-23. 147-159.

(& S. DELESALLE) «L'argumentation dans des discussions d'adolescents: Quelques traits d'analyse pour une exploitation pédagogique». *Le Français dans le monde* 145. 70-74.

(& A. CADIOT & S. DELESALLE & C. GARCIA & C. MARTINEZ & P. ZEDDA) «'Oui mais non mais' ou: il y a dialogue et dialogue». Anne-Marie DILLER — François RÉCANATI éds, *La pragmatique* (= *Langue française* 42). 94-102.

c.r. de I. Rosier, *Problèmes posés par la constitution de procédures formelles en linguistique. Linguisticae Investigationes* 3. 173.

1980

«L'histoire des théories grammaticales en France: pour une épistémologie de la linguistique». Bernard POTTIER éd., *Les sciences du langage en France au XXème siècle*, vol. I, 145-162. Paris: SELAF.

(& Claudine GARCIA et Anne LECLAIRE) «Quelques éléments pour une étude de la concession». *Pratiques* 28. 62-75.

«Présentation». Sylvain AUROUX éd., *Histoire de la linguistique* (= *Langue française* 48), 3-6.

«Pratiques de la communication. Présentation». *Le Français dans le monde* 153. 23-24.

c.r. de M.-L. Moreau, *C'est. Étude de syntaxe transformationnelle. Le Français moderne* 48. 80-83.

1981

(& Denis LARCHER) «La pragmatique d'un entretien avec un enfant psychotique». *Neuropsychiatrie de l'enfance et de l'adolescence* 4-5. 231-245.

1982

«Les Idéologues et le style». *Histoire, Épistémologie, Langage* 4/1. 93-97.
«Nature des pronoms et construction de la syntaxe: note sur Scaliger et Ramus». *Histoire, Épistémologie, Langage* 4/2. 55-61.
«Discours et société». *Le Français aujourd'hui* 57. 49-55.
c.r. de P. Bourdieu, *Ce que parler veut dire. Le Français aujourd'hui*, Deuxième supplément au n° 60. 8.

1984

(& Pierre ENCREVÉ) éds, *Vers une histoire sociale de la linguistique* (= *Langue française* 63).
[c.r. P. SWIGGERS, *Language* 62 (1986) 206-207]
(& Pierre ENCREVÉ) «La création de revues dans les années 60». *Vers une histoire sociale de la linguistique* (= *Langue française* 63). 57-102.
«Constitution du fait». Pierre ACHARD — Max-Peter GRUENAIS — Dolores JAULIN éds, *Histoire et linguistique*, 171-176. Paris: Éditions de la Maison des Sciences de l'Homme.
«Linguistique appliquée et linguistique tout court». Daniel COSTE *et al.*, éds, *Aspects d'une politique de diffusion du français langue étrangère depuis 1945. Matériaux pour une histoire*, 119-126. Paris: Hatier.
«Victor Cousin et l'Enseignement supérieur». *Au bonheur des mots. Mélanges en l'honneur de Gérald Antoine*, 487-495. Nancy: Presses universitaires de Nancy.
«Grammaires (Histoire des grammaires)». *Encyclopaedia Universalis* 749-750.
«Préface». Claudine HAROCHE, *Faire dire. Vouloir dire*, IX-XIX. Lille: Presses universitaires de Lille.

1985

(& Sylvain AUROUX, Nicole JACQUES-CHAQUIN, Christiane MARCHELLO-NIZIA) éds, *La linguistique fantastique*. Paris: Denoël.
«Les grammaires françaises et l'histoire de la langue». Gérald ANTOINE — Robert MARTIN éds, *Histoire de la langue française 1880-1914*, 577-600. Paris: Éditions du CNRS.

«Analyse grammaticale et analyse logique». *Mélanges de langue et de littérature française offerts à Pierre Larthomas*, 113-121. Paris: École Normale Supérieure de Jeunes Filles.

«Grammatical Analysis and Logical Analysis in France». *Topoi* 4. 187-191.

«Conventions et ruses rhétoriques dans la conversation». Pierre R. LÉON — Paul PERRON éds, *Le dialogue*, 93-102. Ottawa: Didier.

«La construction du dialogue chez un migrant débutant en français». *Hommage à Pierre Guiraud*, 175-183. Paris: Les Belles Lettres.

«Préambule». *Réflexions sur l'enseignement du français (Textes produits par la Commission de l'enseignement du français 1983-1985)*, 1-12. Angers: C.D.D.P.

«Grammatica d'uso e teoria linguistica». *Lend* 12. 55-65.

c.r. de C. Hagège, *L'Homme de paroles. La Quinzaine littéraire* 452. 26.

1986

(& Simone DELESALLE) *La linguistique, la grammaire et l'école 1750-1914*. Paris: A. Colin.

[c.r. A. JUDGE, *Modern Language Review* 83 (1988) 999-1000; D. KIBBEE, *The French Review* 82 (1988) 381-382; J.-P. SEGUIN, *Le Français moderne* 56 (1988) 90-93; P. SWIGGERS, *Bulletin de la Société de Linguistique de Paris* 84/2 (1989) 137-141]

«Grammaire philosophique et enseignement des Écoles centrales». Winfried BUSSE — Jürgen TRABANT éds, *Les Idéologues: sémiotique, théories et politiques linguistiques pendant la Révolution française. Proceedings of the Conference, held at Berlin, October 1983*, 207-218. Amsterdam: Benjamins.

«Structuration d'un discours français par un migrant, apprenant en milieu naturel». Colette NOYAU — José DEULOFEU éds, *L'acquisition du français par des adultes migrants* (= *Langue française* 71), 17-31.

«Histoire de la linguistique française: méthode et épistémologie». *Zeitschrift für Phonetik, Sprachwissenschaft und Kommunikationsforschung* 39. 677-684.

«Qu'entendre par 'grammaire traditionnelle'?». *Revue québécoise de linguistique* 15/2. 289-297.

«Le problème des données dans deux grammaires anglaises du français: *Lesclarcissement* de John Palsgrave (1530) et *The French Schoolmaster* de Cl. Sainliens dit Holyband (1609)». Catherine M. GRISÉ — C.D.E. TOLTON éds, *Crossroads and Perspectives: French Literature of the Renaissance*, 65-75. Genève: Droz.

«Linguistique, crise de croissance ou marginalisation?». *La Quinzaine littéraire* 466. 20.

«Linguistique et grammaire. La norme en 1900». *Cahiers du Centre interdisciplinaire des Sciences du Langage* (Université de Toulouse - Le Mirail) 6. 7-31.

1987

«Grammaire philosophique ou décadence de la grammaire et de la philosophie: la grammaire en 1800». Dino BUZZETTI — Maurizio FERRIANI éds, *Speculative Grammar, Universal Grammar and Philosophical Analysis of Language*, 85-95. Amsterdam: Benjamins.

«La langue classique». *Qui vive international* 5. 33-38.

«Grammaire et enseignement des langues». *Vers un niveau 3 (= Le Français dans le monde,* n° spécial février-mars 1987). 34-41.

1988

«Storia sociale della linguistica. A proposito di un'inchiesta: principi e metodi». Lia FORMIGARI — Franco LO PIPARO éds, *Prospettive di Storia della Linguistica. Lingua, linguaggio, comunicazione sociale,* 11-27. Roma: Ed. Riuniti.

«Grammatica d'uso e teoria linguistica». *Grammatica e insegnamento comunicativo,* 55-65. Milano: Ed. Scholastiche.

(avec Jean-Claude BEACCO) «Les rapports de la linguistique et de la didactique des langues». Denis LEHMANN éd., *La didactique des langues en face à face* (ENS Fontenay - Saint-Cloud - Credif), 31-48. Paris: Hatier-Credif.

«Ferdinand Brunot et l'épopée des mots». *Le Monde* 15 décembre 1988. 17.

«Préface» (p. 5-6) à la réédition de la *Grammaire Larousse du français contemporain (Références).* Paris: Larousse.

«Création d'une revue provinciale éphémère et fonctionnement d'un champ scientifique, celui de l'étude de la langue française dans les années 1870-1880». Claire BLANCHE-BENVENISTE — André CHERVEL — Maurice GROSS éds, *Grammaire et histoire de la grammaire. Hommage à la mémoire de Jean Stéfanini,* 119-144. Aix-en-Provence: Presses de l'Université de Provence.

(avec Jean-Claude BEACCO) éds, *Didactique des langues: Quelles interfaces? (Études de linguistique appliquée* 72).

«Postface». Jean-Claude BEACCO — Jean-Claude CHEVALIER éds, *Didactique des langues: Quelles interfaces? (Études de linguistique appliquée* 72). 115-117.

«[La revue] *Langue française».* Romanische Forschungen 100. 120-122.

c.r. de P. Encrevé, *La liaison avec et sans enchaînement. La Quinzaine littéraire* 516. 22.

1989

«Comment s'est faite la *Grammaire Larousse du Français contemporain.* Des auteurs parlent de leur grammaire (Table ronde)». *Le français dans le monde, Recherches et applications ... Et la grammaire* (février-mars). 20-21.

«Ferdinand Brunot et le français langue étrangère». *Documents pour l'histoire du français, langue étrangère ou seconde* (SIHFLES) 3. 13-15.

«La recherche philologique, les Sociétés savantes et l'Université en France: un cas remarquable en 1877». Klaus D. DUTZ éd., *Speculum historiographiae linguisticae. Kurzbeiträge der IV. Internationalen Konferenz zur Geschichte der Sprachwissenschaften (ICHoLS IV), Trier, 24.-27. August 1987*, 161-169. Münster: Nodus.

1990

«Léon Clédat. Un précis d'orthographe et de grammaire phonétiques pour l'enseignement du français à l'étranger». *Documents pour l'histoire du français, langue étrangère ou seconde* (SIHFLES) 5. 31-35.

«La place de la définition dans *La Pensée et la Langue* de F. Brunot (1922). Sept remarques». Jacques CHAURAND — Francine MAZIÈRE éds, *La définition*, 78-83. Paris: Larousse.

«Syntaxe et sémantique en grammaire. Histoire d'une méprise: F. Brunot et Ch. Bally». Ricarda LIVER — Iwar WERLEN — Peter WUNDERLI éds, *Sprachtheorie und Theorie der Sprachwissenschaft. Geschichte und Perspektiven. Festschrift für Rudolf Engler zum 60. Geburtstag*, 95-107. Tübingen: Narr.

«Préface». Guylaine BRUN-TRIGAUD, *Le Croissant: le concept et le mot. Contribution à l'histoire de la dialectologie française au XIXe siècle*, 5-6. Lyon: Université Jean Moulin (Lyon III), Centre d'études linguistiques Jacques Goudet.

«La linguistique au CNRS 1939-1949». *Cahiers pour l'histoire du CNRS 1939-1989*, 39-80. Paris: Éd. du CNRS.

«Ferdinand Brunot 1860-1938. La diffusion du français dans l'*Histoire de la langue française* 1905-1937. Étude de la méthode d'analyse». *Études de linguistique appliquée* 78. 109-116.

1991

«La linguistique et la vérité du texte littéraire». [Gilbert GADOFFRE éd.,] *La vérité est-elle scientifique? Séminaire interdisciplinaire du Collège de France*, 53-63. Paris: Éd. universitaires. (Collection L'échiquier des sciences).

«Le rôle de l'interview dans l'histoire de la linguistique». Anna Maria MANDICH — Carla PELLANDRA éds, *Pour une histoire de l'enseignement du français en Italie. Documents pour l'histoire du français, langue étrangère ou seconde* (SIHFLES) 8, 327-336.

«Interview». *Lettre de la SIHFLES* 10 (juin 1991). 1-4.

«Le charme de l'âge». Hans-Martin GAUGER — Wolfgang PÖCKL éds, *Wege in der Sprachwissenschaft. Vierundvierzig autobiographische Berichte*, 52-56. Tübingen: Narr.

«Ferdinand Brunot (1860-1937), *La Pensée et la Langue*». Hélène HUOT éd., *La grammaire française entre comparatisme et structuralisme 1870-1960*, 73-114. Paris: A. Colin.

«Utilité de la philologie et de la linguistique dans la recherche de la vérité, sans oublier la littérature». Henri MESCHONNIC éd., *Le langage comme défi*, 17-28. Paris: Presses universitaires de Vincennes.

1992

«Philologues et linguistes dans leurs institutions». *Communications* 54. 149-159.

«*Lundi rue Christine*». Liliane TASMOWSKI — Anne ZRIBI-HERTZ éds, *Hommages à Nicolas Ruwet*, 50-56. Gand: Communication & Cognition.

«Actualité de l'enquête et des études sur l'oral (Table ronde)». Gabriel BERGOUNIOUX éd., *Enquêtes, corpus et témoins* (*Langue française* 93), 94-119.

«La pendule d'Eco [À propos de: U. Eco, *Les limites de l'interprétation*]». *La Quinzaine littéraire* 595 (16-29 février), 22-23.

«Préface». Jean STÉFANINI, *Linguistique et langue française*, 9-16. Paris: Éditions du CNRS.

«1880. Un couplage: La réforme de l'orthographe et l'enseignement des langues vivantes». *Hommages à Pierre Léon*, 77-84. Toronto: Éd. Mélodie.

«Histoire des théories grammaticales en France». Bernard POTTIER éd., *Les Sciences du langage en France au XXème siècle* [deuxième édition], 11-27. Louvain - Paris: Peeters - SELAF.

«L'*Histoire de la Langue française* de F. Brunot». Pierre NORA éd., *Les Lieux de Mémoire*, vol. III/2, 420-459. Paris: Gallimard.

c.r. de Wendy Ayres-Bennett, *Vaugelas and the Development of the French Language. Linguisticae Investigationes* 15. 433.

1993

«Autour de la norme. [Rencontre avec J.-C. Chevalier]». *La Lettre du Bureau linguistique* [Rome, Ambassade de France] 17 (janvier-mars 1993), 9-13.

«La Bibliothèque nationale». *Lettre de la SIHFLES* 18 (juin 1993), 3-4.

«Enseignement du français et institutions universitaires: 1789-1989». Jacques-Philippe SAINT-GÉRAND éd., *Mutations et sclérose: la langue française 1789-1848* (*Zeitschrift für französische Sprache und Literatur, Beihefte* 21), 135-151. Stuttgart: F. Steiner.

c.r. Jacques Chaurand, *Les parlers et les hommes. Bulletin d'information de la Société d'Histoire et d'Épistémologie des sciences du langage* 31. 37-39.

c.r. Michel Arrivé, *Réformer l'orthographe? Bulletin d'information de la Société d'Histoire et d'Épistémologie des sciences du langage* 31. 45-47.

c.r. Renée Balibar, *Le colinguisme. Bulletin d'information de la Société d'Histoire et d'Épistémologie des sciences du langage* 31. 48-50.

1994

«F. Brunot (1860-1937). La fabrication d'une mémoire de la langue». Jean-Jacques COURTINE éd. *Mémoire, histoire, langage* (= *Langages* 114), 54-68.

«Note sur les modalités d'institution et de transformation d'une revue de recherche». Béatrice DIDIER — Marie-Claire ROPARS éds, *Revue et recherche*, 177-183. (Les Cahiers de Paris-VIII)

Histoire de la grammaire française (*Que sais-je?* n° 2904). Paris: Presses Universitaires de France.

«Le discours linguistique. Étude comparée de textes». V. DE COOREBYTER éd., *Rhétoriques de la science*, 210-230. Paris: P.U.F.

«Ferdinand Brunot et la norme». Daniel BAGGIONI — Élisabeth GRIMALDI éds, *Genèse de la (des) norme(s) linguistique(s). Hommage à Guy Hazaël-Massieux* (= Langues et Langage n° 4), 155-161. Aix-en-Provence: Publications de l'Université de Provence.

«Enseigner l'argumentation et la norme». *Le Français dans le monde* 269. 40-45.

c.r. de Jean Rousseau, *Comparaison des langues et intercompréhension. Le Français dans le monde* 269. 70.

c.r. de Bernard Colombat, *Les figures de construction dans la syntaxe latine (1500-1780). Bulletin d'information de la Société d'Histoire et d'Épistémologie des sciences du langage* 33. 31-34.

c.r. de Anne-Marguerite Frýba-Reber, *Albert Sechehaye et la syntaxe imaginative. Bulletin d'information de la Société d'Histoire et d'Épistémologie des sciences du langage* 33. 39-40.

1995

«Linguistique, logique et sémantique à l'école de Genève». *Langues et langage. Problèmes et raisonnement en linguistique. Mélanges offerts à Antoine Culioli*, 17-23. Paris: P.U.F.

«Quand un examen nouveau du Lexique réforme la conception de la Syntaxe. L'exemple de l'abbé Girard (1677-1748)». Hava Bat-Zeev SHYLDKROT — Lucien KUPFERMAN éds, *Tendances récentes en linguistique française et générale. Volume dédié à David Gaatone*, 135-142. Amsterdam: Benjamins.

«The Analysis of French between the Two World Wars (1914-1940)». Lia FORMIGARI — Daniele GAMBARARA éds, *Historical Roots of Linguistic Theories*, 251-268. Amsterdam: Benjamins.

«La France devant les congrès internationaux de linguistique: 1914-
1931». Dans cette brochure.

c.r. de Anne-Marguerite Frýba-Reber, *Albert Sechehaye et la syntaxe imaginative*. *Historiographia Linguistica* 22. 235-238.

c.r. de Brian Merrilees — William Edward éds, *Firmini Verris Dictionarius.
Dictionnaire latin-français de Firmin Le Ver. Bulletin d'information
de la Société d'Histoire et d'Épistémologie des sciences du langage* 34.
54-56.

À paraître:

«Le métier de linguiste: les problèmes du modèle français au XIXe
siècle». Sylvain AUROUX éd., *Histoire des idées linguistiques*, vol. 3.
Bruxelles: Mardaga.

«Les congrès internationaux et la linguistique». Sylvain AUROUX éd.,
Histoire des idées linguistiques, vol. 3. Bruxelles: Mardaga.

«Ferdinand Brunot». Harro STAMMERJOHANN éd., *Lexicon grammaticorum*. Tübingen: Niemeyer.

«Mario Roques». Harro STAMMERJOHANN éd., *Lexicon grammaticorum*.
Tübingen: Niemeyer.

«Robert-Léon Wagner». Harro STAMMERJOHANN éd., *Lexicon grammaticorum*. Tübingen: Niemeyer.

«Langue française et Histoire sociale». Gérald ANTOINE — Robert
MARTIN éds, *Histoire de la langue française 1914-1945*. Paris: Éd.
du C.N.R.S.

«La politique de la langue en France. Le rôle du *Conseil supérieur de la
Langue française* 1989-1995». À paraître dans les actes du colloque
de la Brandenburgische Akademie der Wissenschaften à Berlin,
édités par Jürgen TRABANT.

«Le Dictionnaire de l'Académie française (1694) et la grammaire».
À paraître dans les actes du colloque sur les dictionnaires de l'Académie, édités par Bernard QUEMADA.

c.r. de Piet Desmet, *La linguistique naturaliste en France (1867-1922). Bulletin
d'information de la Société d'Histoire et d'Épistémologie des sciences du
langage*.

Jean-Claude CHEVALIER

**La France devant les congrès internationaux
de linguistique: 1914-1931**

LA FRANCE DEVANT LES CONGRÈS INTERNATIONAUX DE LINGUISTIQUE: 1914-1931

Les Congrès internationaux des linguistes font partie de l'horizon intellectuel de notre profession. Ces congrès sont pourtant relativement récents; le premier, tenu à La Haye, date de 1928 alors que, dès la fin du XIXe siècle, dans nombre de domaines, les congrès internationaux semblaient marquer le rythme nécessaire de la vie scientifique.

Ces congrès de linguistique sont le signe d'une maturité tardive, mais explosive de la discipline (cf. Chevalier, à paraître). Ce sentiment est partagé par les congressistes dès la première réunion à La Haye, mais inégalement partagé: la linguistique a été jusqu'en 1914 pilotée principalement par l'Allemagne et la France. L'Allemagne sort gravement éprouvée de la première guerre, mais la France victorieuse ne semble pas, en ce domaine, profiter de la dynamique de la victoire. Au Congrès de La Haye même, l'ambiguïté de la participation française est très rapidement sensible.

Certes le prestige de la France est toujours très grand comme est grand le prestige de la langue française. Beaucoup d'exposés sont faits en français et les discussions sont souvent tenues dans cette langue; les rapports sur le congrès sont de même rédigés en français. En outre, la personnalité écrasante de Meillet est respectée par tous: Meillet, appuyé sans réserve par la Société de Linguistique de Paris, est salué comme le symbole même de la réflexion linguistique.

Cependant on notera:

1° Que les Congrès seront tous tenus en dehors de l'hexagone: successivement à La Haye, Genève, Rome, Copenhague; le 5e était prévu à Bruxelles, en 1939. Il faudra attendre 1948, à la fin de la 2e Guerre mondiale, pour que le 6e Congrès soit tenu à Paris.

2° Que Meillet intervient solennellement, mais avec prudence. Certes, on relève des interventions efficaces de plus jeunes Français comme celles de M. Cohen. Mais elles sont rares et des pans entiers de chercheurs comme les grammairiens du français ne disposent d'aucun représentant français, comme s'ils n'étaient pas concernés par la linguistique générale.

3° Que les grands débats vont se développer entre Suisses, Néerlandais, Viennois, Pragois, auxquels se joindront plus tard les Danois. Le Congrès de La Haye est dominé par la proclamation de principes nouveaux souscrits par R. Jakobson, N. Troubetzkoy, S. Karcevski, Ch. Bally, A. Sechehaye. Cet axe Genève-Prague marginalise spectaculairement la participation des chercheurs français.

Cet affrontement paradoxal, on voudrait le décrire et tenter de le justifier; on voudrait en montrer les conséquences dans le développement de la recherche française.

LA RECHERCHE EN FRANCE

Pendant la guerre, l'étude des langues en France survit autour de quelques savants. Le seul A. Meillet, né en 1866, assure la continuité au Collège de France et à la Société de Linguistique, rédigeant pour le *Bulletin* la plus grande partie des comptes rendus et des nouvelles de la discipline, signant même les articles concernant ses propres œuvres. Comme secrétaire, il évoque continûment les disparus: les anciens comme M. Bréal et H. de Charencey, mais encore plus ceux qui sont morts au champ d'honneur, Boudreaux, Burgun, Acher (*BSL*, n° 63, 1914-15), plus tard un de ses élèves favoris, R. Gauthiot. À la Sorbonne, malgré ses formidables capacités de travail, F. Brunot, né en 1860, parvient tout juste à assurer les diverses tâches dont il est chargé: les cours, bien sûr, à la Faculté et à l'École normale de Sèvres, les tâches administratives qui feront de lui un doyen en 1920, l'achèvement du tome V de l'*Histoire de la Langue française* (1917) qui glorifie la prééminence du français en Europe pendant les siècles classiques; enfin et surtout les innombrables responsabilités, écrasantes en temps de guerre, d'un maire du XIVe arrondissement de Paris. Plus jeune, né en 1875, M. Roques, maître de la romanistique, est entièrement consacré aux servitudes de la guerre, comme combattant, comme adjoint de son camarade d'École, ministre de l'armement, Albert Thomas, comme diplomate.

La seule revue d'analyse du français moderne, la *Revue de Philologie française*, est toujours dirigée, depuis sa fondation en 1887, par L. Clédat. La *Romania*, éditée de 1872 à 1911 par P. Meyer et G. Paris, depuis lors par M. Roques, continue ses descriptions soigneuses. La *Revue des langues romanes*, éditée dès 1870 à Montpellier pour décrire les langues du Sud, est le lieu d'un provincialisme chancelant. Des revues de longue tradition.

Cette raréfaction du champ est la rançon d'une institution universitaire française qui confie à quelques mandarins parisiens la responsabilité de rares recherches: les chercheurs sont si peu nombreux que tout accident mutile le domaine du savoir, tellement regroupés sous l'autorité que le poids de l'inertie est constamment menaçant. La guerre n'a fait qu'accentuer ce caractère.

Un symbole remarquable: dans sa séance du 15 novembre 1919 (*BSL* n° 68), la Société de linguistique de Paris, seule représentante de la linguistique française depuis qu'elle a triomphé du groupe d'A. Hovelacque et J. Vinson (cf. Desmet 1994), représenté jusqu'alors par la *Revue de Linguistique et de philologie comparée* (1867-1916) et par la *Société philologique* (1872-1912), la SLP donc, ne laissant subsister que les sociétés de spécialistes comme la Société asiatique, celle des Américanistes, celle des Africanistes, celle des Océanistes, retient en assemblée le principe d'un banquet pour commémorer, avec un retard dû à la guerre, le cinquantenaire de la Société. Elle se renfermait ainsi dans la tradition étroite des banquets chère aux universitaires du XIXᵉ siècle. De même, elle continue imperturbablement à assurer le cérémonial d'une réunion tenue deux fois par mois pour écouter les nouvelles de la communauté, la présentation des nouveaux venus et les éloges nécrologiques, des communications aussi brèves que disparates. Souci ancien d'assurer la liberté aux recherches, de ne les enserrer dans aucun carcan; en réalité, perpétuation d'un type d'investigation fondé sur la collecte et non sur les discussions de méthodes. La défiance envers les machines théoriques est une vieille tradition française qu'on découvre dès la fondation du comparatisme en France, comme le rappelle Meillet parlant de M. Bréal:

> «Par lui-même, il goûtait peu la technique et le grand renouvellement des méthodes et des doctrines de la grammaire comparée qui a eu lieu de 1872 à 1880 environ l'a peu touché» (*BSL* n° 64, 1915-6, p. 16).

Cette défiance envers le dogmatisme est une ligne constante, une maladie de l'idéologie française. On notera, dans ce sens, que le compte rendu du *Cours de Linguistique générale,* signé Meillet, est étonnamment bref et assez superficiel, distant, comme si Meillet n'avait pas bien saisi — ou pas voulu saisir — l'importance du livre et y avait vu surtout la reprise et la réunification de vieux cours (*BSL* n° 64, 1915-6, 32-36). On comprend rétrospectivement les craintes qu'éprouvait Saussure, vieil habitué des milieux parisiens, à soutenir publiquement des thèses de linguistique générale. L'article «La méthode constructive en syntaxe» de Sechehaye (*Revue des Langues romanes* 56) est lu et commenté avec la même distance (*BSL* n° 65, 1916, 33); Meillet en profite pour renouveler sa défiance envers tout a priori non fondé sur l'association des formes:

> «Le procédé qui consiste, en linguistique, à partir du sens prête à beaucoup d'objections. Les formes de chaque langue doivent être examinées en elles-mêmes, et c'est le seul moyen d'en fixer la valeur juste. En partant du sens à exprimer, on risquerait de mettre en première place, dans une grammaire française, l'«aspect verbal» qui n'a pas d'expression en français».

Et en conclut qu'il est «difficile de rapporter les principes généraux aux langues particulières».

Cela dit, la Société est constamment à l'écoute des courants nouveaux et informée de chaque publication (Normand 1982: 19). C'est elle qui, sur ses fonds, a organisé, en février 1913, à la Sorbonne, les conférences de Ch. Bally qui donneront lieu rapidement à la publication de *Le Langage et la Vie*, dont Meillet rendra compte aussitôt. Le compte rendu du *Cours de Linguistique générale* de Saussure suit immédiatement la publication de l'ouvrage. Le *BSL* de 1922 imprime, signé Meillet, un hommage appuyé à H. Schuchardt dont L. Spitzer vient de publier le *Brevier*. Meillet, qui correspond régulièrement avec Schuchardt, fait admirer cet hétérodoxe, en rupture avec la science allemande autorisée, qui rend sensible «le caractère mouvant des faits linguistiques». Et Meillet commente: «Aux formules abstraites des théoriciens, il a opposé la variété infinie, la souplesse insaisissable de la vie». Et cite Schuchardt:

> «Das geschichtliche Verhältnis zwischen Sprache, Volkstum, Kultur wechselt nach Ort und Zeit in hohem Grade und lässt sich nicht in feste Formeln bringen» (*BSL* n° 70, 1922, 10).

On aime à la Société de Linguistique de Paris discuter de géographie linguistique, pour la France surtout. Dans un moment d'exaltation, après avoir cité «Gilliéron, Rousselot, Grammont, Millardet, Bruneau, Terracher», Meillet s'écrie — et écrit: « Cette discipline est l'avant-garde de la linguistique» (*BSL* n° 66, 1918, 182). Et il est vrai que c'est le domaine dans lequel les linguistes français se sentent le plus à l'aise, fondés sur l'autorité de J. Gilliéron, un Suisse au demeurant et qui vécut difficilement, en marge de l'institution française; là on peut sans complexe vanter le privilège donné aux «faits» et arborer en principe, sinon en réalité, le sociologisme de rigueur (cf. *BSL* n° 67, 1919, 51). Car l'analyse sociologique est plus souvent une pétition de principe qu'une aventure méthodiquement tentée.

L'ouverture est entretenue par les adhésions qui se multiplient. De nouveaux linguistes, parrainés par les anciens selon l'usage, apparaissent continuellement dans la Société. Parmi les plus connus, début 1915 J. Van Ginneken et A. Terracher, en 1917 G. Guillaume, A. Sauvageot, élève à l'E.N.S. et A. Sechehaye, en 1918 A. Belić et J. Jud, en 1919 H. Pedersen; en 1920 É. Benveniste, M.L. Sjoestedt et L. Tesnière, alors élève aux Langues O, en 1921, Kr. Nyrop, H. Maspéro, L. Renou, H. Yvon et, en juin, le prince N. Troubetzkoy alors installé à Sofia, en 1922, Ch. Bruneau, J. Fourquet et G. Gougenheim, tous les deux encore élèves à l'E.N.S., B. Parain, Kr. Sandfeld, W. von Wartburg, en 1925, L. Hjelmslev; en 1926, R. Jacobson [*sic*] devenait membre.

Les linguistes français achèvent des recherches largement entamées avant guerre. J. Vendryes publie en 1921 *Le Langage*, dont le manuscrit était depuis longtemps terminé. M. Cohen assurera en 1924 la publication de la grande entreprise de Meillet, *Les Langues du Monde*, conjoignant des résultats classiques chez les comparatistes et des contributions plus novatrices comme celle de Troubetzkoy. Les promoteurs ont renoncé à proposer aux collaborateurs des principes généraux de classement (p. 10). C'est qu'ils sont sensibles aux courants nouveaux ici et là détectables, mais incapables de les inscrire dans un ensemble ... C'est en 1919 que G. Guillaume, autodidacte encouragé par Meillet, publie son *Problème de l'article et sa solution dans la langue française*, dédié à Saussure et à Meillet, mais largement inspiré des travaux récents de Sechehaye. Encore dit-on que Meillet avait fait supprimer une conclusion trop théoricienne à son goût; et aussi remarquera-t-on que le compte rendu du même Meillet dans le *BSL* (n° 67, 1918, 180) critique Guillaume qui «a parfois perdu un peu de vue la réaction, toute mécanique, des procédés linguistiques».

C'est en 1922 que F. Brunot publie son énorme pavé, *La Pensée et la Langue*, qui, au delà et contre la grammaire traditionnelle, revenait largement aux philosophies de la fin du XVIIIᵉ siècle et transposait en histoire sociale les prétentions sociologiques de son temps: un passionnant essai, novateur et rétro, complètement en porte-à-faux et qui par là même sera largement méconnu ou incompris. Pendant toutes ces années, il sera l'exemple constamment repris par les linguistes (encore par V. Bröndal en 1930, dans un article des *Mélanges* offerts à Jespersen, «Le système de la grammaire») de la démarche vicieuse qui part d'un cadre d'idées pour y ranger, dans un ordre non significatif, les faits linguistiques. Non significatif du point de vue de la linguistique formelle, mais signifiant pour une entreprise linguistique qui prend en compte la vie sociale d'un peuple.

Encore plus remarquable à notre sens: le changement de front qui modifie l'orientation de l'*Histoire de la Langue française*. De 1905 à la guerre, c'est-à-dire pour les tomes I à V, du Moyen Age au XVIIᵉ siècle, Brunot juxtapose histoire de la nation et histoire de la langue. Dans les années qui suivent la guerre, ayant à traiter du XVIIIᵉ siècle, il retourne complètement sa méthode; s'appuyant sur les mutations de la société française, il dégage pour la langue française de nouvelles lignes de force, privilégiant les faits de lexique, mais prenant en compte prononciation, syntaxe, etc. Il semble difficile de ne pas déceler ici les effets d'une approche de la langue entièrement neuve qui conditionne un système de langue par la finalité qu'une civilisation nouvelle, ici la philosophie des lumières et le développement économique, imprime à la langue. Point de hasard, mais le poids exercé par une culture qu'on pourrait définir comme l'avait fait E. Renan pour la nation: le projet de réaliser des objectifs ensemble. Orientation théorique qui émerge lentement et confusément dans la correspondance que F. Brunot entretient, après la guerre, avec son collaborateur le plus direct, A. François, plus tard avec les historiens, A. Mathiez et surtout L. Febvre et qui émergera dans le tome VI de l'*HLF* publié seulement en 1930. On pourrait noter l'influence de K. Vossler ou de R. Meringer éditant les *Wörter und Sachen*, mais penser plutôt qu'il s'agit d'un mouvement général qui déborde le positivisme formel.

On est tenté d'épingler ici, en face, un savant original et provocateur, le phonéticien Maurice Grammont qui, dans la *Revue des langues romanes* (59, 404), écrivait un éloge de l'approche théorique et caricaturait le linguiste de base français:

> «Ils ignorent que le général seul est objet de science, ils ne voient que les petits faits isolés, plus ou moins tangibles, c'est vrai, mais aussi plus ou moins faux, et la théorie générale qui les réunit tous, qui les domine, qui les éclaire, qui les féconde est pour eux lettre morte».

La position de Meillet est beaucoup plus ambiguë. Depuis longtemps, inspiré de Durkheim, il a proclamé que le langage était un fait social. Il l'a montré nettement dans son célèbre article de l'*Année sociologique* (9, 1904-1905); il a souligné que c'est un objet pratique qui dicte la forme des grammaires. Mais, pour lui, ces propositions n'ont de sens qu'impliquées dans l'organisation des faits. Il ne cesse donc de prêcher, en méthode, *la prudence*. Ainsi, préfaçant un recueil d'articles offerts, en 1928, à É. Benveniste, il rappelle comment s'est opérée la reprise des études linguistiques après la guerre:

> «Au lendemain de la guerre, les comparatistes de Paris — J. Vendryes, J. Bloch et moi — voyaient près d'eux un bel ensemble de jeunes gens: M.-L. Sjoestedt, É. Benveniste, P. Chantraine, R. Fohalle, J. Kuryłowicz, L. Renou [...] Les jeunes gens se forment entre eux. Et c'est pour cela, sans doute, que, si j'évoquais mes souvenirs de professeur, je constaterais que les élèves appelés à devenir de vrais savants viennent souvent par groupes».

Il n'empêche qu'il marque avec obstination une ligne qui privilégie les faits et tient à distance la théorie: la nécessaire généralisation ne doit résulter que du montage des faits.

> «Ils savaient que pour apporter du neuf, ce n'est pas appliquer à des faits connus quelque idée générale ayant une apparence d'originalité; c'est interpréter d'une manière exacte et personnelle des faits recueillis de première main».

Mais il n'est pas insensible au développement de la science après la guerre et aux traits nouveaux qui se dégagent: les participants aux réunions de la Société sont de plus en plus nombreux; en 1922 commencent les premières activités de l'Institut de Linguistique de Paris (les conférences ne seront publiées qu'à partir de 1933). Explicitement, Meillet signale, en tête des comptes rendus du *BSL* n° 70, 1922 un renouveau d'intérêt partout sensible pour la linguistique générale, marqué par la multiplication des publications. Il rend compte de la sortie presque conjointe de trois ouvrages de base, *Lan-*

guage d'O. Jespersen (1922), *Language* d'E. Sapir (1921), *Le Langage* de J. Vendryes (1921). Il se réjouit de trouver chez ces trois grands linguistes un écho de son refrain: la généralisation n'a de sens qu'appuyée sur les faits.

> «Sans parler des ouvrages composés par des savants qui se sont placés au point de vue de la psychologie, comme Wundt et comme le P. van Ginneken, on ne trouvera ni chez M. Jespersen ni chez M. Sapir, ni chez M. Vendryes, une doctrine abstraite, des formules arrêtées, telles que les fournit, pour quelques questions, le *Cours* de F. de Saussure ou que les a données pour la phonétique, et pour l'utilisation esthétique du langage, M. Grammont».

On notera la réserve. Conjointement la même année, une proposition est faite à la Société visant «à consacrer quelques-unes des réunions à des questions d'intérêt général». Profitant de l'interruption de l'impression des *Mémoires*, désormais trop coûteuse, Meillet introduit dans chaque livraison du *Bulletin* un corps d'articles consistants qui représenteront les grandes lignes de la recherche linguistique. L'ouverture est particulièrement significative: une dizaine d'articles (de É. Benveniste, A. Ernout, A. Juret, etc. … et onze notes de Meillet, bien sûr) traitant essentiellement de l'indo-européen et surtout du latin et du grec, selon la restriction de champ ordinaire chez les linguistes français. Deux pourtant retiennent l'attention. L'un est d'un jeune chercheur qui vient tout juste d'arriver à l'Ouest, N. Troubetzkoy, intitulé «Les consonnes latérales des langues caucasiques septentrionales», *BSL* 70, 1922, 184-204), un article qui est un modèle de relevé des faits tel que le souhaite Meillet, entre autres spécialiste de langues slaves, mais aussi un article qui met en œuvre des méthodes d'opposition à l'intérieur d'un système. L'autre, de Ch. Bally, est un compte rendu développé (117-137) de *La Pensée et la Langue* de F. Brunot qui vient tout juste de sortir. La critique est d'autant plus vive que, vues de loin, les méthodes de Bally et de Brunot semblent proches, fondées sur le jeu des idées; mais, pour Bally, il manque cruellement à Brunot une formation linguistique, au moins une lecture attentive de Saussure; elle lui aurait enseigné que l'analyse du fonctionnement conjoint des formes est le préalable de toute description de la langue et la condition nécessaire d'une approche scientifique quelle qu'elle soit. Depuis la publication du *CLG*, les exigences se font plus fortes, les polémiques sur la théorie plus vives; et Bally clairement tient à se situer.

Ainsi sont soulignées les premières lignes du grand mouvement de renouvellement qui va se faire jour en Europe dont les premières vedettes seront Troubetzkoy et Bally. La force de l'un et de l'autre est, dans une conception élargie du langage, de renforcer obstinément le formalisme des analyses; et de créer ainsi un modèle à la fois général, rigoureux et imitable. Et il est remarquable que cette première jonction de deux efforts parallèles se soit faite, en 1922, dans le cadre d'une Société de Linguistique de Paris qui était elle-même fort loin d'une telle ambition.

En somme, les Français conduits par Meillet et, pour l'analyse du français par Brunot, sont sensibles à la naissance de préoccupations d'ensemble s'inscrivant dans le cadre de la linguistique générale; les premiers résultats sont mis aussitôt à la disposition des spécialistes. Mais des freins importants sont à l'œuvre qui conduiront à brouiller les perspectives, à retarder, parfois empêcher le développement et l'expansion de ces théories nouvelles en France:

1° Le système institutionnel est un système mandarinal: des maîtres âgés régissent la carrière des quelques rares chercheurs; la concurrence n'est guère possible et la nouveauté volontiers tenue pour une bizarrerie. La guerre, en éliminant un grand nombre de jeunes, a conduit à renforcer le poids de ce système mandarinal. L'omniprésence de Meillet est caractéristique du poids de l'autorité. Comme le fera, après lui, Vendryes, il «distribue les carrières».

2° Le respect de l'individualité du chercheur, vieille habitude française (voir Meillet, *BSL* n° 64, 1916, p. 12) tend à isoler les démarches, ralentit les ambitions théoriques qui se développeraient dans des cercles ou groupements d'un type nouveau. Quels que soient les efforts faits pour améliorer le fonctionnement de la SLP, le poids d'une tradition enracinée dans les ambitions positivistes des fondateurs se fait lourdement sentir. L'après-1944 montrera comment un organisme nouveau comme le C.N.R.S. peut apporter une formidable capacité d'innovation et de développement. Ici la toute-puissance des patrons de la Sorbonne et du Collège de France, le petit nombre de jeunes chercheurs interdit toute création de ce genre.

Peut-être faut-il aussi retenir un effet pervers de la victoire. Dans l'euphorie, les institutions ont tendance à se perpétuer. À l'inverse, les mouvements tumultueux qui agitent l'Europe centrale autorisent des mutations brusques, une ouverture à la création.

3° *Last, but not least.* Pour les étudiants français, le débouché presque unique est l'enseignement dans les lycées. À la Faculté, ils sont presque entièrement mobilisés par la préparation du concours d'agrégation, nécessaire à qui veut mener une belle carrière dans l'institution. Celui-ci, lié à l'enseignement des lycées, est scolaire et donc conservateur, il stérilise toute velléité de recherche et de formation en dehors de la littérature et de la philologie. Le jeune agrégé, isolé dans un lycée provincial, s'il vise un poste en Faculté, se consacrera la plupart du temps à des travaux de dialectologie qu'il pourra développer sur place; d'où le succès de la géographie linguistique. S'il est tenté par la théorie ou par des disciplines connexes, comme la logique, il ne sera la plupart du temps qu'un amateur ou un imitateur, faute d'une formation initiale préalable. Vieux problème, là aussi. G. Paris s'indignait que les séminaires d'étude de l'École pratique des Hautes Études, créés en 1868 par Victor Duruy pour favoriser les groupes de recherche aient été accaparés, dès la fondation, par des étudiants étrangers. Préparant l'agrégation en 1882, le jeune normalien Brunot suivait à l'E.P.H.E. les cours de G. Paris et A. Darmesteter, entièrement tournés vers l'agrégation et ignorait les cours de gotique assurés par Saussure. On peut considérer que, dans les matières littéraires et philologiques, la nécessité contraignante de passer par l'enseignement secondaire et corollairement l'importance du concours de recrutement, l'agrégation, ont eu un considérable effet de retard sur la recherche tout au long des XIXe et XXe siècles.

Or à l'étranger, des recherches nouvelles se développent. Les Français ont l'œil fixé sur l'Allemagne. Dès 1920, Meillet décèle chez K. Vossler un renversement des perspectives (cf. Swiggers 1994a):

> «Les faits ne sont plus présentés comme des développements spontanés, plus ou moins mécaniques; les actions historiques, les influences sociales, le rôle de la civilisation et des individus ressortent de plus en plus» (*BSL* n° 68, 1920, 72).

Évolution constamment soulignée dans la suite; ainsi chez Vendryes:

> «Pour la nouvelle école «idéalistique» allemande, il y a un contraste inquiétant entre les grandes théories générales qu'elle vise à formuler et les très menus faits de détail, dont les romanistes qui la composent surtout se préoccupent quand ils veulent faire des recherches précises» (*BSL* 1927, xviii).

CONSTITUTION D'UNE POLITIQUE DES AXES: PRAGUE - VIENNE - GENÈVE - LA HAYE

L'évolution est européenne. Et beaucoup de chercheurs éprouvent le besoin de créer des liens avec d'autres chercheurs. Des réseaux se constituent. Dès 1917, des relations sont établies entre les Genevois, exploitant les cours de Saussure, mort en 1913 et les Russes (cf. Seriot 1993). S. Karcevski, spécialiste des langues slaves à Genève, est l'agent de liaison; il fait connaître le *Cours de Linguistique générale* de 1916. Quand N. Troubetzkoy aura été nommé professeur de philologie slave, à l'automne 1922, à Vienne et R. Jakobson à Bratislava, le flux sera encore plus régulier.

Encore plus quand sera né le Cercle linguistique de Prague, en octobre 1926 (cf. Fontaine 1974). C'est l'époque où sont créées de nombreuses sociétés qui attestent la vitalité de la linguistique, comme en 1925 la Société américaine de linguistique ou la Société de linguistique romane

à Strasbourg, animée par A. Terracher, l'époque où se multiplient les
échanges: en 1924-25, Meillet fait une série de conférences à Varsovie,
Cracovie, Prague, Vienne et Bâle. Mais le Cercle de Prague est une institution très particulière. Dans la grande tradition russe des «cercles»,
les nouveaux venus d'Europe centrale, animés par V. Mathesius, ne
rêvent qu'affrontements provocants et liberté de discussion. On noue
des réunions dans le premier bureau venu ou dans les cafés, on impro-
vise les thèmes de discussion, on dogmatise allègrement. Les Cercles de
Moscou et de St-Pétersbourg, fondés en 1915 et 1916, serviront de
modèle institutionnel et feront aussitôt de Jakobson un héros éponyme.
Dans la foulée, étaient importés en bloc l'admiration pour Baudoin de
Courtenay et l'école de Kazan, les problèmes posés par les langues et la
civilisation slaves (cf. Adamski 1991; Caussat 1991). Depuis longtemps, les linguistes russes ont privilégié la théorie; Saussure le note
dès 1908:

> «Quelques linguistes russes, notamment Baudoin de Courtenay et
> Kruszewski, ont été plus près (que personne) d'une vue théorique de la
> langue sans sortir des conditions linguistiques pures; ils sont d'ailleurs
> ignorés de la généralité des savants occidentaux» (Engler 1974: 43).

L'après-guerre ajoutera une réflexion critique alors éclatante en
URSS sur la biologie et le darwinisme, un écho de l'agitation révolutionnaire et du Kultur-Prop. Bref, un ensemble fascinant pour tout
esprit ambitieux.

À Prague, à Vienne, la linguistique apparaît comme la science humaine
la mieux organisée, la plus fortement modélisée. Située, en outre donc,
dans une réinterprétation du darwinisme. Jakobson lit le L.S. Berg de
1922 qui a écrit *La nomogénèse*. Les thèses de Darwin sur lesquelles
était fondée la démarche positiviste sont violemment remises en question. La téléologie est rétablie et le souci du **pourquoi** déborde celui du
comment. L'évolution n'est plus le fruit du hasard et des luttes pour la
vie, elle est réglée, entre dans un système orienté; on peut affirmer qu'il
y a une logique de l'évolution. Cette anthropologie hardie déborde de
beaucoup la prudence des approches saussuriennes, même si elle en
accepte les principes de base. Ce dispositif théorique se développait
d'autant plus largement que l'Europe centrale universitaire était empor-
tée dans un tourbillon philosophique, sous l'influence de F. Brentano
et surtout d'E. Husserl, du Cercle de Vienne des logiciens (cf. Soulez
1985) animé par R. Carnap, H. Hahn et O. Neurath, au milieu d'une
grande exaltation artistique (le Bauhaus de Gropius, le cubisme et le sur-
réalisme). On rêvait d'une société nouvelle fondée sur la logique et
l'imaginaire. Jakobson, tout pénétré des valeurs centrales de la poétique,
nage avec enthousiasme dans un ensemble d'interprétations qui visent à

une reconstruction du vieil Occident. Il n'a pas coupé les relations avec les cercles qui persistent dans l'U.R.S.S. révolutionnaire et revient souvent en visiter les membres.

Un autre axe se dessine dans le même temps qui lie les Néerlandais et les Genevois de l'école de Saussure. L'importance accordée au psychologisme avait rassemblé, dès avant la guerre, les démarches de Sechehaye publiant *Programme et méthodes de la linguistique théorique* (1908) et celles du P. Van Ginneken présentant la version française de ses *Principes de linguistique psychologique* (1907). Van Ginneken a tenté de confronter le vieux comparatisme avec la création d'une psychologie qui s'étend de H. Bergson à W. Wundt et de décrire dans ce cadre la créativité et l'évolution des langues. De son côté, Sechehaye, dès 1908, essaie de donner un équilibre à une position paradoxale. Disciple de Saussure, il ne perd pas de vue les groupements formels de la langue, spécialement du français qui est son domaine de prédilection. Mais en même temps, il propose un système par emboîtements, qui vise à rendre compte de la genèse des ensembles constitutifs de la phrase. Il transpose avec rigueur dans le domaine étroit du français les grandes fresques souvent aventurées du P. Van Ginneken. Ses thèses sont reçues avec méfiance par Saussure qui estime que l'analyse linguistique pâtit d'une transposition psychologique sans nuance:

> «On peut réclamer encore plus formellement que toute lumière nous soit donnée pour voir la filiation directe, sans interposition quelconque de limite, entre un phénomène (précis) comme celui du langage et celui de l'ensemble des phénomènes psychologiques» (Engler 1974: 43).

Mais le montage des analyses ne peut que séduire des esprits à la recherche de théorisation.

Méfiance aussi du côté des Français et de Meillet, en particulier, dans ses comptes rendus du *BSL* (sauf à noter un vif intérêt d'H. Yvon dans la *Revue de Philologie française*, 1908, 70-73) qui s'accentue avec les articles parus pendant la guerre.

De Boer s'affirme hautement comme disciple de Sechehaye dans ses *Essais de Syntaxe française moderne* publiés en 1925, réflexion qui n'est pas tellement éloignée de celles à l'œuvre dans le *Problème de l'article* de G. Guillaume. Le jeune Néerlandais cherche à définir, sous les emplois variés, des valeurs fondamentales, constituant système, valeurs qui sont interprétées en discours par le parleur et l'auditeur selon les voisinages.

On a tenté de définir ici la situation à grands traits. Un élan de novation se dessine selon deux axes: Genève - Vienne - Prague d'un côté, Genève - les Pays-Bas de l'autre. Saussure en est le centre ambigu. Il exploite avec force les acquis méthodologiques du comparatisme en quelques traits désormais acquis: les oppositions qui fondent la notion de valeur, l'organisation des valeurs en système ordonné selon la synchronie, etc. Mais l'explosion sociale, politique, économique, scientifique encore plus de l'après-guerre tend à réduire ces traits à des éléments de méthodologie; ils sont inscrits par ses successeurs dans une vision d'ensemble fondamentalement différente: l'évolution des phénomènes humains comme le langage appelle des hypothèses qui les situe dans un devenir réglé de l'aventure humaine, les nouvelles descriptions des systèmes des sons apparaissent comme un modèle rigoureux de ces ambitieux systèmes interprétatifs.

Les Français ne sont pas incapables de comprendre ces grandes ambitions; mais ils sont saisis d'une sorte de blocage. On a parlé des freins institutionnels; il faudrait ajouter les freins politiques et idéologiques. Ces patrons sexagénaires, Meillet et Brunot, sont des héros de la grande aventure républicaine des années 1900 qui a cherché à créer la classe des intellectuels, à instituer une république des professeurs. Ils lieront jusqu'au bout positivisme, culte de la vérité et défense des droits de l'homme. Brunot signera encore, en 1935, des pétitions contre le racisme et le nazisme. Ils lieront amitié avec Masaryk et Beneš, mais n'en deviendront pas phénoménologues. Ils connaissent leur métier de linguistes, mais sont incapables d'en discuter dans les termes de l'après-guerre. S'ils participent à la vague des grandes constructions théoriques, c'est *à leur façon*. On ne lit pas sans émotion ni respect une des ultimes pages, écrite par Brunot peu avant sa mort, alors qu'il avait déjà 77 ans:

> «L'histoire de la langue entrait dans l'histoire de l'art. Mon rôle à moi a été de la faire entrer dans l'histoire tout court, de suivre époque par époque le mouvement que la vie de la nation imprimait par une correspondance nécessaire à la vie de l'idiome et inversement [...] L'exemple que j'ai donné sera peut-être fécond, et c'est une grande joie pour un homme de science d'avoir découvert non seulement des faits, mais des méthodes et de nouvelles matières de recherche».

Affirmation forte; mais ce n'est pas le langage de Bally ou de Jakobson.

Les grandes fêtes de la linguistique

Ces mouvements profonds, si désordonnés et confus qu'ils soient parfois, font éprouver la nécessité de rencontres et de confrontations internationales. Deux entreprises nous apparaissent comme des signes avant-coureurs:
1° Une conférence internationale, réunissant douze linguistes de divers domaines, est organisée à Copenhague en 1925. Le propos est de définir et d'unifier des systèmes de notation reçus par la communauté

internationale pour décrire les langues du monde et permettre un inventaire exhaustif. Lieu symbolique: ce n'est ni la France ni l'Allemagne; mais le Danemark. Depuis Rasmus Rask, ce pays est un creuset remarquable de travaux linguistiques. D'Otto Jespersen déjà âgé au jeune Viggo Bröndal, plusieurs années assistant à la Sorbonne, vite féru d'analyses logiciennes, on y célèbre une linguistique de pointe tout autant qu'un goût vif des inventaires (K. Sandfeld). Le représentant de la France à la réunion de Copenhague est J. Vendryes. Une brochure trilingue sera publiée en 1926 à Oxford par les bons soins d'O. Jespersen et d'H. Pedersen.

2° Sous les auspices de l'Institut d'ethnologie de l'Université de Paris, le jeune M. Cohen (il n'a qu'une bonne quarantaine d'années), spécialiste des langues sémitiques et des parlers amhariques, lancera l'idée d'une vaste enquête auprès de volontaires non professionnels qui, où qu'ils soient dans le monde, relèveront les traits de langues exotiques et mal connues. Un petit carnet sera édité à cet effet qui guide l'enquêteur et lui permet d'inventorier simplement et systématiquement un parler quelconque (cf. Cohen 1928). L'édition de 1928 sera reprise en 1931, sous le patronage du Comité international permanent des linguistes, issu du Congrès de La Haye.

Deux initiatives de portée internationale qui sont fidèlement rapportées à la Société de Linguistique de Paris.

Dans la foulée, un projet bien plus ambitieux: les Néerlandais envisagent de réunir à La Haye, pour la première fois, un Congrès international de Linguistes. Entreprise à la fois ordinaire et étonnante. Certes, La Haye est un lieu couramment choisi pour les réunions internationales; certes, depuis la fin du XIXe siècle, les Congrès, avec l'aide des autorités, sont devenus un rituel pour les grandes disciplines: l'enseignement, l'archéologie, l'histoire, l'orientalisme, les études américaines (le Congrès des Américanistes s'est tenu à La Haye en 1924), etc. Mais la linguistique était jusqu'alors une discipline beaucoup trop limitée pour qu'on songe à pareille aventure et il fallait une singulière audace pour s'y risquer. Ou l'assurance qu'un mouvement nouveau était en pleine explosion. Et il est significatif que l'entreprise soit assurée par un des pivots des axes Pays-Bas - Genève - Europe centrale.

La SLP, prise par surprise, ne peut qu'acquiescer et promettre sa participation, lors de la séance du 26 février 1927. La réaction de Meillet est positive et va dans le sens du mouvement contemporain:

«M.A. Meillet exprime l'idée que ce devrait être un Congrès non d'exposition de résultats partiels, mais d'organisation de travail en commun. La tâche qu'il souhaite de voir entreprendre surtout est une carte linguistique du monde».

Le Congrès est tenu du 10 au 15 avril 1928. Les organisateurs, sous l'autorité de C.C. Uhlenbeck et la bénédiction de H. Schuchardt, mort en 1927, juste avant le Congrès, sont Mgr J. Schrijnen, spécialiste des langues classiques, le P. Van Ginneken et le jeune C. de Boer. L'assemblée est largement internationale; elle se compose de 312 participants, épouses comprises: 23 Français, 32 Allemands, 73 Néerlandais, 11 Suédois, etc.; beaucoup de ténors; ainsi la délégation des États-Unis comporte L. Bloomfield et F. Boas (E. Sapir excusé), celle des Allemands W. Meyer-Lübke, celle des Danois H. Pedersen et O. Jespersen, des Norvégiens A. Sommerfelt, celle de la Grande-Bretagne C.K. Ogden et D. Jones (A.H. Sayce excusé), celle des Néerlandais A.W. de Groot, celle des Polonais J. Kuryłowicz, celle des Italiens A. Trombetti, celle des Suisses Ch. Bally, K. Jaberg, S. Karcevski et A. Sechehaye, etc.

La délégation française est maigre, ce qui est d'autant plus étonnant qu'une grande part des échanges se feront en français. Fait notable: il n'y a aucun spécialiste de langue française, pas plus F. Brunot qu'aucun de ses disciples: ni E. Huguet ni A. Terracher ni Ch. Bruneau, bien que F. Brunot, par exemple, se déplace volontiers pour des congrès et conférences. Le seul O. Bloch représentera la dialectologie française. Avec Meillet, on retrouve surtout des «linguistes», habitués de la SLP: J. Bloch, P. Boyer, P. Chantraine, A. Cuny, A. Ernout, L. Homburger, H. Pernot, M.L. Sjoestedt, J. Vendryes. Des absences certaines. Il est vrai que se seront tenus, la même année, des congrès pour les orientalistes à Oxford, pour les américanistes à New York, pour l'étruscologie à Florence sans oublier le Congrès organisé à Dijon par la Société de Linguistique romane. Les organisateurs de La Haye marquaient leur déférence à la linguistique française en offrant la première présidence à A. Meillet. Meillet proposera, en outre, une intervention dont le compte rendu tient sur deux pages, traitant de «La description de l'ensemble des langues», son cheval de bataille et une autre, encore plus brève, sur les termes techniques. Au retour, P. Rivet évoquera, devant la SLP dont il est, cette année-là, président, le rôle important de Meillet à La Haye, mais on ne sait s'il s'agit de la réalité ou de la nécessaire flatterie à l'égard d'un mandarin tout puissant. Le plus actif est M. Cohen, 44 ans, ici comme ailleurs constamment sur la brèche. Actif aussi A. Sauvageot. On notera, en outre, un long exposé d'O. Bloch sur les enquêtes dialectologiques qui ne semble pas avoir soulevé un fort intérêt. À dire le vrai, un bilan un peu décevant.

Les principaux points à débattre ont été envoyés préalablement aux inscrits; ce sont:
1. Quelles doivent être les bases d'une notation phonétique? 1° Valeur de la phonétique expérimentale. 2° Système de transcription et de signes phoniques.

2. Établissement et délimitation des termes techniques. Quelle est la traduction exacte des termes techniques dans les différentes langues (français, anglais, allemand)?

3. 1°. Quelles sont les meilleures méthodes de recherche en géographie linguistique? Valeur des cartes, questionnaires, grammophones et des recherches sur place. 2°. L'aspect géographique de la lexicographie et de la stylistique.

4. Quelles sont les méthodes les mieux appropriées à un exposé complet et pratique de la grammaire d'une langue quelconque?

5. Délimitations des domaines culturels du passé et du temps présent par rapport à des mots déterminés et à des particularités phonétiques, morphologiques et syntactiques. L'influence réciproque de ces domaines culturels.

6. Les méthodes de recherche pour les langues qui n'ont pas encore fait l'objet d'un travail philologique satisfaisant.

Signe d'une science en plein développement, chaque question, présentée par les organisateurs comme pratique, provoque chez les participants des propositions de large extension théorique. Ainsi pour le point 1, le Néerlandais A.W. de Groot appelle à insérer la phonétique expérimentale dans un grand projet d'«Experimental Linguistics» qui intégrerait la Psychologie expérimentale et la Linguistique générale. Aussi, à sa façon, M. Cohen. Il avance un projet de tableau de concordance des notations en usage. Et conclut (13):

> «Le Congrès aura beaucoup fait s'il affirme à nouveau la partie systématique du travail de la Conférence de Copenhague, en rejetant les compromis de détails entre des systèmes qui ne se concilient pas».

Même ambition dans les propositions de J. Forchhammer (Munich).

Se singularisant, Meillet marque son scepticisme sur la possibilité pratique du point 2: «Les différences de terminologie cachent en grande partie des différences de conception». Et, en outre, ajoute-t-il, les différentes catégories ne coïncident pas entre elles en sorte que la généralisation n'aboutirait qu'à l'éparpillement. Remarque d'un homme d'expérience qui allait détonner dans un Congrès voué à la hardiesse et même à l'imprudence. Sous ce point même, Troubetzkoy proposait un système d'unification qui distinguait dans des *Sprachgruppe* des *Sprachbunde* et des *Sprachfamilien*.

Pour le point 3, après un exposé détaillé de G. Neckel (Charlottenburg) qui proposait d'unir plus étroitement géographie des dialectes et histoire de la langue, le long exposé, très classique, d'O. Bloch défendant les enquêtes par questionnaire est appuyé par Meillet, mais débordé par les remarques de M. Bartoli, au nom des «néolinguistes», qui met en avant «une grammaire supérieure», au sens de Sechehaye. Elle déterminerait des unités formalisables en phonétique, morphologie et lexique et par là, imitables.

Les propositions qui correspondent au point 4 surplombent entièrement l'ensemble des interventions; elles allaient d'ailleurs susciter des interventions passionnées. Les auteurs ont envoyé au Secrétariat du Congrès deux très longs exposés, signés le premier par Jakobson, Karcevski et Troubetzkoy, le second par Bally et Sechehaye. Bien que certaines propositions ne soient pas absolument neuves pour des comparatistes, comme, la première émotion passée, certains le rappelleront, elles frappaient par leur grande généralité et par leur capacité à traiter des domaines de recherche aussi différents que ceux dans lesquels opéraient Troubetzkoy (phonologie fonctionnelle), Jakobson (linguistique et poétique), Bally (discours parlé), Sechehaye (structure de la phrase).

En quatre pages (33-36), Jakobson, Karcevski et Troubetzkoy définissent l'analyse linguistique comme une théorie d'ensemble: les sujets parlants sont sensibles aux groupements par paires caractéristiques de leur langue; toute mutation, d'un élément ou de corrélats, entraîne une recomposition. Sont donc repris ici deux points fondamentaux admis par la plupart des linguistes: 1° la valeur interprétative d'une langue repose sur l'opposition des valeurs (Saussure); 2° la langue est un fait social (Durkheim, Meillet). Mais ces propositions, portées à leur fin, conduisent à déclarer que le parleur a l'*intention* d'exercer une action sur le système, parce qu'il le conçoit comme inscrit dans une *finalité*. On passe d'une conception mécanicienne du hasard (telle que défendue par les «Junggrammatiker», mais, en un certain sens aussi, par Saussure) à une conception socio-psychologique de la nécessité. Les peuples construisent sans relâche leur propre finalité, la construisent en histoire et modulent leur langue en ce sens. Conception homologue des grandes machines idéologiques que l'Europe met en place dans l'entre-deux guerres. Mais ordonnée par des références précises à la logique:

> «Il serait nécessaire de spécifier les types de différences phonologiques significatives. Il y a deux types fondamentaux de différences entre les images acoustico-motrices. Ce sont — pour nous servir de termes empruntés à la logique — les différences entre les images disjointes et les différences entre les images corrélatives» (34).

Les soussignés de la proposition 22 du point 4 n'écartaient les lois phonétiques des néogrammairiens que pour exiger encore plus de rigueur de l'analyse linguistique.

Bally et Sechehaye apportent la garantie de leur maître Saussure en se proposant «de fixer les principes scientifiques permettant de pénétrer dans le système de la langue». Déclaration développée en seize pages denses (36-53). La grammaire n'existe que synchroniquement dans l'esprit des sujets parlants qui ont conscience des relations existant entre les faits linguistiques, en sorte que le jeu des valeurs prime celui des formes (raisons sémantiques). On en notera pour conséquence que des signes zéros peuvent être constituants des systèmes ou qu'un même signe peut être support de plusieurs valeurs. La méthode historique permet certes d'éclairer certaines évolutions, mais elle doit être totalement exclue de l'interprétation synchronique. Ces considérations s'appliquent avec le plus d'évidence aux systèmes phoniques; mais elles sont nécessaires aussi pour apprécier les différents niveaux stylistiques.

L'équilibre autonome du système implique la notion fondamentale d'arbitraire, laquelle exclut toute interprétation psychologique naïve, qui ferait analyser la langue comme «expression immédiate de la pensée libre des parleurs» (45). «Chaque langue est un prisme qui réfracte la pensée d'une façon particulière», écrivent-ils, un prisme que le parleur tente à chaque fois d'adapter à la situation particulière. Le linguiste doit donc distinguer les rapports associatifs qui constituent le système de la langue des rapports syntagmatiques qui autorisent le discours. La grille des parties du discours est ici peu efficace; l'examen des différents types de phrase est plus fortement opératoire si on le fonde sur un inventaire des paraphrases (ce terme n'est pas ici employé, mais la nécessité de l'opération est implicite).

La conclusion — péremptoire — est que toute pratique doit être fondée sur un effort d'abstraction. Sans spéculation, tout effort pratique est voué à l'échec.

Karcevski ajoutait à cela une note particulière en définissant la langue comme «un système de rapports sémiologiques» dont la description du mode de fonctionnement exigeait (1) de dresser un inventaire des valeurs sémiologiques de cette langue; (2) d'établir les types de leurs regroupements en tant que procédés sémiologiques à valeur «adéquate» ou à valeur «transposée» et (3) de dégager les notions jouant dans ces groupements le rôle de «variables indépendantes» (55).

Enfin V. Mathesius, rejoignant les tentatives de Bally, montrait l'intérêt d'une confrontation systématique entre langues (ici les constructions prédicatives en anglais, en allemand et en tchèque).

Le point 5 — et c'est encore ici significatif — ne donnait lieu qu'à deux brèves interventions. Il en était de même pour le 6, bien que plusieurs intervenants aient noté l'explosion des recherches dans le domaine.

Telles sont les propositions que le Congrès avait à discuter. En ouverture, Uhlenbeck proclamera son émerveillement pour une science qui est en train d'unifier des domaines autrefois isolés et félicitera les organisateurs d'apporter leur contribution à la constitution d'un grand mouvement mondial. Les linguistes sont maintenant «Co-operators in building up the one and indivisible science of language, this glorious symbol of the union of mankind».

Pendant les séances, de multiples éclaircissements et additions sont apportés, témoignant du foisonnement des recherches. Mais surtout il y eut des séances de discussions qui permirent de revenir sur les traits saillants des propositions marquantes et, avec le plus d'intensité, sur les manifestations des Pragois et des Genevois.

On remarquera que le groupe conjoint Genève - Prague, en séance, rend les propositions encore plus abruptes. Ainsi ils ont rangé leurs thèses sous six chefs laconiques:

1. L'exposé complet et pratique d'une langue quelconque ne peut être fondé essentiellement que sur la méthode statique. Celle-ci consiste à analyser les pièces du système linguistique et à en décrire les rapports réciproques.
2. Cette étude embrasse non seulement la lexicologie, la morphologie et la syntaxe, mais aussi la caractéristique du système phonologique (c'est-à-dire du répertoire propre à la langue en question) des différences significatives entre les images acousticomotrices.
3. L'exposé d'un système linguistique doit tenir compte du principe que les faits de langue se classent naturellement et simultanément en séries d'associations mentales et en groupements réalisés sur la ligne du discours.
4. Un bon exposé de syntaxe serait celui qui décrirait les complications progressives de la phrase normale la plus élémentaire composée d'un sujet simple et d'un prédicat simple. Cette ordonnance permet de tenir compte de tous les rapports syntagmatiques et associatifs (thèse III).
5. L'histoire de la langue, si l'on veut en faire, ne doit pas se confiner dans l'étude des changements isolés, mais chercher à les considérer en fonction du système qui les subit.
6. Pour atteindre cet idéal, il est nécessaire de préciser les lois générales des systèmes linguistiques par la comparaison de langues aussi nombreuses que possible, considérées non au point de vue génétique, mais au point de vue de leur structure. (85-86)

Cette démarche agressive et triomphaliste n'est guère dans la ligne des Sociétés académiques comme la SLP; mais bien plutôt de ces «cercles» qui fleurissent en Russie, on l'a vu, dans toutes les périodes d'agitation et de nouveauté; particulièrement des Cercles de St-Pétersbourg et de Moscou qui étaient des pôles d'attraction pour la jeunesse. Comme l'est celui de Prague. Ou pour reprendre la description qu'en a faite R. Jakobson (1970):

> «Les membres de ce nouveau genre d'associations étaient fermement convaincus de leur caractère simple, dynamique et créateur et l'opposaient à l'ordre rigide et au caractère conventionnel des sociétés académiques».

Face à cette détermination insolente — dans tous les sens du terme —, les Français et Meillet apparaissent singulièrement timorés. Quand il est question, selon les suggestions de de Groot de créer une revue de phonétique liant cette discipline à la linguistique générale, H. Pernot, pour les Français, appuyé par Meillet («Est-ce que la revue proposée par M. de Groot est nécessaire?») offre l'abri de sa *Revue de phonétique* pourtant dénuée et moribonde — et qui le restera. Quand, en un autre moment, M. Hestermann se demande «s'il ne serait pas bien de fonder une revue internationale de linguistique générale», Meillet s'y oppose. «Il ne croit pas à l'utilité d'une revue pareille à cause de la diversité des objets. Il préfère les revues spéciales» (89). On sent comme un raidissement devant ces innovateurs qui veulent aller trop vite. La spécialité de Meillet, ce sont les démarches auprès des gouvernements et le congrès l'en charge aisément.

Après ces séances générales de discussion, trois jours furent consacrés à des sujets particuliers, marquant la multiplicité des recherches et des problèmes posés, marquant aussi la fécondité des études situées en dehors de l'indo-européanisme. Signe de confiance en l'avenir: le congrès, avant de se séparer, fonde un Comité International Permanent des Linguistes, piloté par Mgr Schrijnen, qui non seulement éditera les Actes (en français) et sera responsable des futurs Congrès, mais, en outre, œuvrera pour que soit poursuivie par tous moyens la description des langues du monde.

C'est que ce Congrès était «un acte d'émancipation» (Meillet). La discussion des 42 propositions des réunions générales avait frappé les congressistes, même si elle avait parfois plus stupéfait que convaincu. Du moins nul ne pouvait nier l'importance des problèmes posés, la largeur de vue des nouveaux linguistes. Mgr Schrijnen pouvait s'écrier dans sa péroraison:

> «Et dorénavant on aura au moins tout autant le droit de parler de l'esprit des linguistes de La Haye que de l'esprit de Locarno».

Surtout le Congrès avait donné le modèle de ce qui était possible. Les plus ardents, les plus novateurs vont s'y engouffrer.

C'est surtout à Prague et autour des phonologues que s'exerce la plus forte poussée, en deux directions solidaires: le Congrès des Slavistes et les Congrès de Phonologie. Nous en avons un écho direct dans le premier tome des *Travaux du Cercle linguistique de Prague*, publiés en 1929, en français et avec l'aide de l'Institut français de Prague. L'ensemble est dédié au 1er Congrès des philologues slaves de 1929. Celui-ci sera suivi de la première Réunion phonologique internationale (Prague, 18-21 décembre 1930).

Ce premier tome des *Travaux du Cercle* donc s'ouvre par trente pages de thèses détaillées où l'on reconnaîtra les thèmes, le vocabulaire et le style du Cercle: les principes de base, la langue littéraire, les atlas linguistiques sont largement analysés, objets de propositions neuves. Suit un inventaire des activités du Cercle de Prague, de 1926 à 1929, avec la liste des 30 conférences, de Trnka et Havránek à Tynianov, avec, bien entendu, Jakobson et Troubetzkoy et Karcevski; on relève ici les noms de L. Tesnière qui, comme slaviste, a suivi les activités du Cercle et de L. Brun qui travaillait à l'Institut.

Une réunion phonologique internationale a lieu à Prague du 18 au 21 décembre 1930. Meillet, dans son compte rendu au *BSL* (n° 96, 1931, 8-13) se félicite de l'extension du champ: D.V. Polivanov parle des langues asiatiques, de l'uzbek au japonais, de Groot du néerlandais, Sommerfelt des parlers scandinaves et celtiques, mais il regrette que le Cercle oppose phonétique phénoménologique et phonétique organogénétique, qui ne sont que des termes barbares.

Des associations plus limitées, concernant l'étude des sons, ont apparemment une histoire compliquée. La *Internationale Gesellschaft für experimentelle Phonetik,* se réclamant du Congrès de La Haye, opère dès 1928, sous la présidence de E.W. Scripture de Vienne avec P. Menzerath, de Bonn, au secrétariat. Une première réunion est tenue à Bonn du 10 au 15 juin 1930; le groupe envisage de préparer un congrès pour 1932. Un comité, présidé par J. Van Ginneken, issu du Congrès de La Haye, prévoit pour 1932 aux Pays-Bas un congrès qui devrait regrouper les différentes branches de la phonétique et de la phonologie; Scripture et Menzerath, arguant de la crise économique mondiale qui bat son plein en effet et atteint l'Allemagne de plein fouet, se retirent de l'entreprise qui aura lieu sous un double titre, marquant l'indépendance de ce congrès par rapport à la réunion de Bonn et l'inclusion de l'Association internationale de phonologie, créée en 1931 et présidée par Troubetzkoy. Le titre des Actes de ce Congrès d'Amsterdam symbolise le résultat de cette histoire compliquée: *Proceedings of the International Congress of Phonetic Sciences, Amsterdam, 3-8 July 1932. First meeting of the Internationale Arbeitsgemeinschaft für Phonologie.* L'orientation d'ensemble sera de souligner la systématisation des données; l'atmosphère sera enthousiaste, comme le souligne Van Ginneken:

«On ne peut nier que la nouvelle phonologie donne une splendide synthèse de nombreux faits qui étaient déjà connus, mais n'avaient pas été jusqu'ici rapprochés».

Pour mieux assurer la synthèse, Mgr Schrijnen cite en exemple Meillet «s'efforçant d'expliquer la mutation consonantique dans le passage du type européen au type germanique et au type arménien et de montrer comment le nouveau type articulatoire une fois introduit en germanique a continué forcément d'y produire ses effets qui sont sensibles surtout en haut-allemand». Mais le même Meillet, lorsque sort le

Bulletin d'information n° 1 de l'«Association internationale pour les études phonologiques» note sèchement dans le *BSL* (33, 1932): «Il n'y a déjà que trop de périodiques».

Le Congrès d'Amsterdam réunit 136 participants de 16 pays; seuls représentants de la France: P. Fouché, M. Cohen et J. Bloch. Le spectre des sujets traités est considérable et atteste le foisonnement des recherches; la langue de communication est très généralement l'anglais. M. Cohen en fera rapport à la SLP (19 novembre 1932). Et c'est Londres qui accueillera, en 1935, les 262 participants du Congrès suivant, retrouvant Scripture et Menzerath sous la houlette œcuménique de D. Jones.

Quant aux Congrès des Linguistes, ils vont se dérouler régulièrement et s'amplifier superbement. Le second a été fixé à Genève et sera la glorification de Saussure, même si les thèses développées par les écoles de Genève et de Prague infléchissent sensiblement la pensée de l'élève génial des néo-grammairiens de Leipzig. Mais la révolution triomphante a besoin de héros. Comme le psychanalyste Roland de Saussure ne tire rien pour son art des analyses de son illustre père, les néo-linguistes ne retiennent de Saussure que ce qui sert leur jeune gloire et escamotent des contradictions pourtant massives. Pour des raisons stratégiques, ils esquissent eux-mêmes les arrangements des enseignants d'après 1970 qui traceront pour les étudiants une ligne continue, entièrement fictive, de Saussure à Jakobson et Chomsky. Les victoires de Valmy se nourrissent de ces mystifications. Au demeurant, les Français, malheureusement pour eux, sont alors un peu à l'écart de ces exaltations très politiques.

Le Congrès de Genève, tenu du 25 au 29 août 1931, ramasse la mise des jeux de La Haye:

> «(À La Haye), pour la première fois des linguistes ont pu débattre en commun des questions de linguistique sans se couvrir de l'autorité des philologues classiques, des néophilologues ou des orientalistes. Par là, ils ont affirmé l'autonomie que leur science avait depuis longtemps acquise de droit […] Vous ne vous étonnerez pas si notre programme fait une large place à la linguistique générale […] Les faits concrets doivent demeurer la base solide de tous nos travaux; linguistes, nous voulons toujours rester en contact avec la réalité linguistique. En revanche, nous ne perdons pas un instant de vue l'ensemble de notre science, et il importe que tous les travaux présentés au Congrès aient pour objectif d'éclairer quelque principe fondamental» (Circulaire d'invitation à Genève).

L'assistance est nombreuse, 244 membres inscrits; la plupart des grands sont là; même si les francisants se sont, dans leur majorité, encore une fois abstenus, la délégation française s'est étoffée; apparaissent É. Benveniste, A. Dauzat, A. Duraffour, M. Lejeune. Les grandes ambitions de 1928, les acquis de la géographie linguistique et de la phonologie semblent comme l'exaltation du travail même de l'esprit. Bally s'écrie à l'ouverture:

«Ce n'est pas par un excès de positivisme que (le linguiste) peut atteindre (des) résultats. L'homme cherche sans cesse à se dépasser lui-même. La linguistique devient de plus en plus ce qu'elle est naturellement: une science de l'esprit».

La logique apparaît comme la forme même de cette exaltation de l'esprit: Bröndal introduit dans le Congrès, avec son exposé «L'autonomie de la syntaxe», ces grandes machines formalisées auxquelles les Danois vont attacher leur nom.

Les nouveaux linguistes de Genève, de Prague ou de Copenhague ne peuvent ignorer les développements du formalisme logiciste. En 1929, Neurath, Hahn et Carnap, appuyés sur Wittgenstein, publient, en préalable au Congrès de Prague, un manifeste au titre — et au contenu — provocateurs: *La conception scientifique du monde* (cf. Soulez 1985). C'est une glorification de la philosophie des sciences aux dépens de la métaphysique, de la Geisteswissenschaft et dirigée, plus particulièrement, contre Heidegger qui vient de publier *Qu'est-ce que la métaphysique* et a remplacé Husserl à Fribourg (en Brisgau). Le but est d'unir empirisme et logique, de réunir la diversité des sciences de la nature dans une langue commune, comme le montre le programme du Ier Congrès de Philosophie scientifique de Prague, en 1929, où viendra la Société de philosophie empirique de Berlin représentée par Reichenbach; les adversaires nazis et les partisans de la Geisteswissenschaft qui ne font souvent qu'un n'auront plus comme ressource que de les accuser de judaïser. Cibles de la terreur comme le seront à la fin de la décennie Jakobson et Troubetzkoy.

LES CONGRESSISTES FRANÇAIS APRÈS 1930: ESQUISSE

Ce rôle d'adversaires violents et obtus, les Français ne le tiendront certainement pas, éclairés par une longue tradition positiviste et républicaine. Ils ne sont pas fermés, comme on l'a montré, à ces orientations nouvelles des recherches linguistiques; plusieurs sont bien formés, à la française, individuellement; É. Benveniste ou M. Lejeune, d'autres resteront comme des chercheurs marquants de la linguistique de cette époque. Mais c'est en corps qu'ils ont manqué le coche de ce nouveau formalisme. On a énuméré les causes institutionnelles et idéologiques qu'on peut invoquer pour expliquer cette défaillance. Ce qui manque à ces Français linguistes de l'entre deux-guerres, c'est une manière d'être, une disposition à être perméables à des recherches nouvelles, disponibles à l'aventure intellectuelle; ou, pour reprendre le célèbre terme de P. Bourdieu, un *habitus* permettant de sympathiser avec une formidable nouveauté (cf. Chevalier 1995).

Cela dit, un travail s'est produit dont les résultats seront d'autant plus saisissants que les grands notables vont disparaître, Brunot en 1938, Meillet en 1936. Le plus actif déjà, le plus efficace dans la suite sera M. Cohen qui en 1945, grâce à son poids politique au C.N.R.S., avec — ou parfois malgré — M. Roques, donnera une impulsion décisive à la linguistique française et lancera, en particulier, la sociologie et l'ethnologie linguistiques (cf. Cohen 1955). Mais, comme familiers des Congrès, il faudrait relever L.Tesnière, fidèle du Cercle de Prague qui, dès 1934, publiait un article «Comment construire une syntaxe» (cf. Swiggers 1994b), fortement inspiré des discussions de cette époque et qui allait servir de point de départ aux *Éléments de syntaxe structurale* de 1959; citer aussi A. Sauvageot, spécialiste du finno-ougrien, qui aiderait, après la Seconde guerre, G. Gougenheim à faire l'inventaire du français courant. Et puis noter ceux qui viendraient un peu plus tard: A. Martinet qui, malgré ou à cause d'une carrière oblique en France (cet agrégé d'anglais sera tout de suite un franc-tireur), allait devenir vulgarisateur, puis agent essentiel de la phonologie pragoise; noter aussi G. Gougenheim, autre marginal bien que normalien et agrégé de grammaire, qui, à sa façon, parfois contestable et surtout contestée, allait répandre plusieurs traits de cette néolinguistique.

Un dernier mot: cet épisode était comme la première mise en scène pour les Français d'un autre affrontement, plus violent peut-être, dans les années soixante, entre les pouvoirs officiels et académiques se réclamant de la philologie et de l'histoire littéraire et une linguistique qu'on aurait dite nouvelle si ces premiers habitués des Congrès n'avaient pas assuré, d'une révolution à l'autre, avec l'aide de nombreux nouveaux venus, une permanence saisissante.

Références

Actes du Premier congrès international des Linguistes, à La Haye, du 10-15 avril 1928. Leiden: A.W. Sijthoff's Uitgeversmaatschappij.

Actes du Deuxième congrès international des Linguistes. Genève. 25-29 août 1931. 1933. Paris: Maisonneuve.

ADAMSKI, Dariusz. 1991. «Baudoin de Courtenay et la linguistique générale». *Linx* 23. 67-80.

CAUSSAT, Pierre. 1991. «Nikolaj Kruszewski. La 'loi phonétique' entre substance et fonction». *Linx* 23. 81-102.

56   JEAN-CLAUDE CHEVALIER

CHEVALIER, Jean-Claude. 1995. «The Analysis of French between the
Two World Wars (1914-1940)». *Historical Roots of Linguistic
Theories* (L. FORMIGARI — D. GAMBARARA éds), 251-268. Amster-
dam: J. Benjamins.

CHEVALIER, Jean-Claude. (à paraître). «Les congrès internationaux et
la linguistique». *Histoire des idées linguistiques* (S. AUROUX éd.),
tome 3. Bruxelles: Mardaga.

COHEN, Marcel. 1928. *Instructions d'enquête linguistique*. Institut d'ethnologie de l'Université de Paris.

COHEN, Marcel. 1955. *Cinquante années de recherches linguistiques,
ethnographiques, sociologiques, critiques et pédagogiques*. Bibliographie complète. Paris: Oaris, Imprimerie nationale.

DESMET, Piet. 1994. *La linguistique naturaliste en France (1867-1922)*.
Katholieke Universiteit Leuven (Thèse de doctorat).

ENGLER, Rudolf. (éd.) 1974. *Ferdinand de Saussure: Cours de linguistique générale. Édition critique*. Fascicule 4. Wiesbaden: O. Har-
rassowitz.

FONTAINE, Jacqueline. 1974. *Le cercle linguistique de Prague*. Paris:
Mame.

HUOT, Hélène. (éd.) 1991. *La grammaire française entre comparatisme
et structuralisme 1870-1960*. Paris: A. Colin.

JAKOBSON, Roman. 1970. «Un cas de migration de termes et de modèles
institutionnels». *Tel Quel* 41. 94-103.

A Grammatical Miscellany offered to Otto Jespersen. 1930. Copenhague: Munksgaard.

MEILLET, Antoine. 1928. «Avant-Propos». *Étrennes de linguistique
offertes par quelques amis à É. Benveniste*. Paris: Geuthner.

Antoine Meillet et la linguistique de son temps (1988). (S. AUROUX éd.).
[= *Histoire, Épistémologie, Langage* 10:2].

NORMAND, Claudine. 1982. « Une version française du structuralisme
linguistique». *Linx* 6. 11-75.

SERIOT, Patrick. 1993. «Aux sources du structuralisme: une controverse
biologique en Russie». *Études de Lettres* (Université de Lausanne),
janvier-mars 1994, 89-103.

SOULEZ, Antonia. 1985. *Manifeste du Cercle de Vienne et autres écrits.
Carnap, Hahn, Neurath, Schlick, Wittgenstein*. Paris: PUF.

SWIGGERS, Pierre. 1994a. «Sur la réception critique de la 'philologie
idéaliste': deux lettres de Gerhard Rohlfs à Antoine Meillet». *Zeitschrift für romanische Philologie* 110. 200-206.

SWIGGERS, Pierre. 1994b. «Aux débuts de la syntaxe structurale: Tesnière et la construction d'une syntaxe». *Linguistica* 34:1 (*Mélanges
Lucien Tesnière*). 209-219.

TABLE DES MATIÈRES